전자상거래 창업하기

김영문

法 文 社

아름다운 삶, 사랑 그리고 마무리…

1997년 11월에 한국이 경제부도의 위기로 내몰리면서 수많은 직장인들이 정든 회사를 떠나 길거리로 쏟아져 나왔었는데, 그때에 실직자들을 위해 막연히 무엇인가 도움이 되는 일을 해야 하겠다는 생각을 갖고 금훈섭 (주)이야기 대표, 신순희 (주)모든넷 대표, 하태호 사랑넷 대표 등을 만나서 1998년 8월에 한국소호벤처창업협의회(soho.sarang.net)라는 이름으로 모임을 만들었습니다. 무엇인가 거창한 단체를 만들겠다는 생각보다는 삶의 터전을 잃고 희망을 잃어버린 실직자들에게 조그마한 도움이라도 드리고 싶었습니다.

그 이후 1999년 3월에 계명대학교 대명캠퍼스 시청각실에서 대구광역시 곽영길 당시 주임의 도움을 받아서 「'99 소호창업박람회」를 개최하였는데, 아마도 3,000명 정도는 참가한 것으로 기억이 납니다. 부스 40개를 설치하였고 세미나도 진행하였는데, 그 당시 신일희 계명대학교 총장님을 비롯한 참석한 내빈들이 박람회장에 들어가기도 힘들 정도로 많은 예비창업자들이 참석을 하였습니다. 개회사를 하면서 벤허 영화를 감독한 윌리엄 와일러가 시사회에서 말한 "하느님, 이 영화를 정말 제가 만들었습니까?"를 인용하면서 감격해 했던 생각이 아직도 생생합니다.

1999년 10월에는 중소기업청으로부터 한국소호진흥협회(www.sohokorea.org)로 명칭을 변경하여 사단법인 인가를 받았는데, 그 당시에 신민철 사무관께서 사단법인 인가를 받을 생각이 없느냐고 했을 때에 처음에는 거절했던 생각도 납니다. 사단법인을 만들기 위해서 창업분야의 일을 하였던 것도 아니었고, 굳이 사단법인이 필요하지 않았던 것입니다. 그 이후 한두 번 정도 더 전화를 받고서야 사단법인을 만들어서 일을 해야 하겠다는 생각을 하였습니다. 그때에는 소호(soho)라는 말보다는 벤처(venture)라는 말이 더 인기가 있었기 때문에 소호관련 협회를 운영하는 것이 매우 힘들기도 하였습니다.

2001년에는 뉴비즈니스연구소(www.newbiz.or.kr) 사이트를 뜻을 같이 하시는 분들과 함께 개설하였는데, 그것은 생각하는 창업, 연구하는 창업, 뿌리가 있는 창업의 필요성을 느끼면서, 창업도 조사와 연구를 통해서 발전할 수 있다는 것을 알았기 때문입니다. 다른 사람의 아이템을 베끼거나 대충 시작해서는 절대로 성공창업을 보장받을 수 없기 때문입니다. 개인적으로 볼 때에는 뉴비즈니스연구소(www.newbiz.or.kr) 사이트를 오픈하면서 창업관련 조사 및 연구 활동을 활발하게 진행하였습니다. 물론 뉴비즈니스연구소라는 사이트가 설립 취지에 맞게 성공하였다고는 할 수가 없으나 창업분야에서 조사 및 연구가 얼마나 중요한가를 깨닫게 된 계기가 되었습니다.

2003년도에는 저에게 전혀 예상하지 못한 일이 일어났습니다. 그것은 계명대학교 벤처창업보육사업단의 설립을 위해 일을 하였지만, 설립 후 전혀 사업단의 운영에 참여하지 못해 많은 서러움을 갖고 있었던 저에게 사업단장이라는 직책이 맡겨지게 되었습니다. 제가 그 일을 맡게 될 것이라고는 꿈에도 생각하지 않았기에 혼신의 힘을 다해서 열심히 일을 하였다고 자부합니다.

2003년 2월 1일부터 계명대학교 벤처창업보육사업단(www.kubic.co.kr)의 단장으로 일을 하면서 중소기업청 평가에서 대구경북지역 36개 창업보육센터 중에서 유일하게 6년 연속 최우수 평가를 받았습니다. 2005년에는 정부통신부장관 표창을 받았으며, 그해 전국 최우수 창업보육센터장으로 선정되어 산업자원부장관 표창을 받기도 하였습니다. 이러한 업적들은 함께 수고한 박신제 매니저, 정태용 매니저, 차재민 매니저, 김미영 매니저 등 사업단에 근무하는 모든 분들의 수고 때문이라고 생각하며, 고마움을 전하고자 합니다.

이렇게 창업분야의 일을 하다보니 방송과도 인연이 많았습니다. 1999년에는 TBC 라디오 박원달PD와 인연을 맺으면서 「알기쉬운 경제교실」에 1년 6개월간 출연하였으며, TBC TV의 아침방송에서 이학락PD와 함께 「클릭! 김영문의 인터넷세상」을 6개월간 진행하였으며, KBS 1라디오에서 김지인 부장과 「창업이 보인다」라는 프로그램 꼭지에 4년 이상 고정 출연을 하고 있습니다.

언론활동 중에서 아마 가장 기억에 남은 방송이라면 당시 KBS 9시뉴스 진행자였던 황현정 아나운서와 서울 여의도에서 소호창업에 대해 2시간 생방송을 했던 것이었습니다. 처음에는 힘들었던 방송이 그 이후에는 너무 쉽게 느껴졌으나 이제는 말 한마디에도 책임감을 느끼는 시간들이 되었습니다. 저의 한 마디로 인해 방송을 보고 듣는 분들에게는 알토란 같이 모은 전 재산을 날릴 수도 있다는 것을 알게 되었기 때문입니다.

2004년 4월 20일에는 사랑나눔재단(www.mis.or.kr)을 예수그리스도의 인도하심으로 설립하여 2006년 2월 22일에 대구광역시로부터 사랑나눔회(www.mis.or.kr, 현재 웹사이트는 폐쇄하였으며 cafe.daum.net/isoho2jobs에서 통합 운영하고 있음)로 명칭을 변경하여 비영리민간단체(Non－Profit Organization, NPO)로 인가를 받았습니다. 사랑나눔회는 저의 삶에서 가장 중요한 일 중의 하나이기도 하였으며, 거듭나는 삶의 은사를 받는 계기를 마련해 주었습니다. 천상천하유아독존(天上天下唯我獨尊)과 같은 삶에서 낮추고, 덜어내고, 긍휼히 여기는 마음을 갖도록 오래전에 예수그리스도께서 저에게 예비하신 길이었다는 것을 굳게 믿습니다.

사실, 1998년부터 무엇 때문에 제가 창업분야의 일을 하게 되었는가에 대해 가끔 스스로에게 궁금하게 생각을 하였는데, 지금 생각해 보면 사랑나눔회를 위한 준비와 훈련을 시키신 것이었다고 생각됩니다. (사)한국소호진흥협회에서 일을 하면서 프랜차이즈 본사와의 갈등이 너무 많아서 협회의 운영에 대해 좌절과 회의가 많았는데, 사랑나눔회에서 봉사를 하면서 나눔의 즐거움과 기쁨의 시간이 너무 많았습니다. 창업이라는 분야에서도 늘 다른 곳에서 방황하다가 이제야 제가 있어야 하는 곳에 왔다는 생각을 하게 되었습니다.

2005년 9월 1일에는 뉴비즈니스연구소 카페(cafe.daum.net/isoho2jobs)를 개설하였는데, 예비창업자들을 위해 매주 창업행사를 개최하며 창업상담도 해 드리는 기회를 만들어 보기 위함이었고, 아울러 사랑나눔회를 운영하기 위한 복지기금이 필요했기 때문이기도 하였습니다. 카페에서 진행하는 행사에 오시는 모든 분들이 사랑나눔회의 아름답고 따뜻한 후원자라는 것을 생각할 때에 그저 감사한 마음뿐입니다. 그 분들의 참가비는 한 푼의 낭비도 없이 예수그리스도께서 보시기에 부끄러움이 없도록 장애인, 모자가정, 교도소 수용자 등의 소외계층과 국내외의 선교사업을 위해 사용되고 있습니다.

2010년 3월 10일에는 대구경북창업카페연합회(cafe.daum.net/isoho2jobs)를 설립하였는데, 그것은 활동의 범위를 대구경북지역으로 한정하여 창업을 해야 하는 분들에게 소박하게 봉사하기 위함이었습니다. 이를 위해 사단법인 한국소호진흥협회 및 여러 관공서의 각종 위원 등을 모두 정리하였습니다. 남은 삶을 한 곳에 헌신하고, 그리고 아름답게 마무리를 하기 위한 마지막 준비라는 생각을 하였습니다.

사실 1998년 8월 이후 창업분야의 일을 하면서 주머니에는 늘 위장약을 갖고 다니면서 복용하였으며, 2003년 5월에 의식을 잃고 택시에 실려 병원에 가기도 하였습니다. 그때에는 식구들도 몰라보게 되었는데, 택시를 타고 병원에 가면서 조금씩 의식을 회복하게 되었습니다.

하지만, 또 다시 2009년 11월 28일 토요일 저녁에 잠을 자다가 뇌출혈로 다시 병원에 가게 되었으며 병원에 도착하자마자 의식을 잃고 뇌수술을 받게 되었습니다. 8일 만에 의식을 다시 찾았으며, 16일간의 중환자실 및 총 27일간의 입원을 통해 겨우 생명을 다시 찾았습니다.

한편, 2011년 3월에는 연구년 기간 중에 창업선도대학 계명대학교 창업지원단의 기술창업육성부장이라는 보직을 발령받았고, 그 해 11월 1일에는 창업지원단장의 보직을 발령받아 2013년 1월 31일까지 일을 하였습니다. 오직 예비창업자들만을 생각하면서 정말로 열심히 일을 하였으며, 2011－2012년의 창업선도대학 사업실적 평가에서 전국 18개의 창업선도대학 중에서 1위를 하였습니다. 하지만, 과로 및 스트레스로 인해 2012년 말에 뇌출혈의 후유증으로 인해 2번이나 쓰러져서 창업지원단장이 직에서 사임을 하고 연구실로 돌아왔습니다. 앞으

로 계명대학교에서의 남은 시간들은 교수라는 위치로 온전히 돌아와서 학생들에
게는 좋은 강의를 하고, 창업의 모든 분야를 더 깊이 있게 연구하기 위해서 모
든 시간을 보내게 될 것입니다.

오랜 시간을 되돌아 가보면, 대학교 3학년 때에 학회장에 출마하면서 선거유
세를 위해 강의실을 다니면서 「不義와 타협하지 않겠습니다.」라는 글자를 칠판
에 적은 기억이 납니다. 그때의 그 마음이 아직도 그리고 앞으로도 변치 않기를
다짐하면서, 참으로 어지럽고 혼탁한 창업시장에서 아직은 저의 역할이 있음을
생각합니다. 아니, 저를 통해서 이루고자 하는 그 분의 뜻을 더 많이 알기를 원
하며, 저에게 주신 재능을 통해 더 많은 분들이 창업을 통해 경제적으로 자립하
고, 홀로서기를 하고, 아울러 승리했으면 하는 소망이 있습니다.

1998년 이후 창업분야에서 일을 해 오면서 배운 창업이론과 실무지식 그리고
창업현장에서의 경험을 바탕으로 지금까지 18권의 창업관련 책을 출판하였습니
다. 이러한 저서들을 집필함에 있어 선후배들의 자료를 참고로 정리하였고, 제
가 쓴 글이나 설문조사한 자료들을 추가하면서 저 나름대로의 생각들을 담으려
고 노력도 하였습니다.

하지만, 이번 책의 경우에는 창업자들이 알아야 하는 경영실무 중에서 특별
히 SNS마케팅을 활용한 상품판매를 중심으로 중요한 실무지식을 담으려고 노력
하였으나 창업이나 실무 경력이 부족하다 보니 보시기에 많이 미흡하고 때로는
다른 선배 교수님들의 업적을 가로챈 느낌마저 갖게 되어 송구스럽게 생각합니
다. 혹시라도 본문 중에 참고문헌을 누락되었다면 절대로 고의가 아니었음을 말
씀드리면서 너그럽게 용서를 구하고자 합니다.

책의 서문에 무엇을 담을까 생각하다가 1998년 이후 창업분야에 몸을 담으면
서 있었던 일들을 조금 정리해 보았습니다. 여기에 다 담지 못한 이야기들도 있
고, 감사의 표시를 제대로 하지 못한 분들도 있습니다. 저를 낳아주시고 미국
유학경비를 보내 주시느라고 고생을 너무 하신 부모님, 그리고 세상에서 저와

소중한 인연을 맺은 가족들에게도 고마움을 전합니다.

　그리고 2004년에 사랑나눔회를 시작하면서 나눔과 선교의 사업에 함께 하는 모든 분들에게도 진심으로 고마움을 전하면서, 사랑나눔회가 대를 이어 계속되기를 소망합니다. 사실, 사랑나눔회의 도메인 중에서 MIS는 management information system의 약어로서 당초 제가 근무하는 경영정보학과의 홈페이지로 사용할 계획이었으나, 2004년에 부산창업박람회를 참관하고 오늘 길에서 "mis(mission in sharing and humanity services) for glory of the God"가 갑자기 생각났는데 그것은 그 분의 인도하심이라고 생각합니다. 지금 생각해 보면, 약20년 동안 창업분야에서 일을 하게 된 것도, 그리고 이 책을 쓰게 된 것도 모두 사랑나눔회를 통해 나눔과 선교사업에 일을 하신 그 분의 뜻이 있었다고 생각합니다.

　그리고 살아오면서 때로는 저로 인해 고통을 받았거나 분노한 분들도 많이 있을 것이며, 지면을 빌려 죄송한 말씀과 용서를 구하고자 합니다. 철없던 시절의 잘못된 생각으로 많은 분들에게 심적, 육체적 고통을 주었음을 고백하며, 앞으로는 더 많은 분들에게 희망, 꿈, 소망, 그리고 행복을 드릴 수 있도록 남은 삶을 바치고자 합니다.

　끝으로, 본 저서의 내용과 관련하여 몇 가지를 알려 드리고자 하며, [전자상거래 창업하기]를 절대로 실패하지 않고 반드시 성공하기 위해서는 전자상거래 혹은 인터넷쇼핑몰과 관련된 다양한 이론 및 실무지식을 창업 혹은 기업경영의 전 과정에서 적극적으로 활용할 수 있어야 한다는 것을 꼭 생각해야 합니다.

1. 저서에 수록되어 있는 많은 내용에 대해서는 동영상(UCC) 강좌로 제작하여 YouTube의 맛따라·길따라·창업 채널(www.youtube.com/user/newbiz2001/videos)에 등록하였는데, 일부 동영상(UCC) 강좌는 저서의 수정 및 보완 등의 사유로 인해 저서의 내용과는 약간 차이가 있을 수 있습니다.

2. 저서의 내용에 관해서 질문이 있거나 [전자상거래 창업하기]에 대한 도움이 필요하시면 맛따라✿길따라✿창업 밴드(band.us/band/70870679)를 활용

해 주시면, 최대한 그리고 적극적으로 도움을 드릴 것입니다.

3. 본 저서에 수록되어 있는 [전자상거래 창업하기]에 관한 실무지식을 어떻게 활용하여 창업기업의 매출을 지속적으로 향상시킬 것인가에 대해서 끊임없이 고민하는 것이 필요합니다.

4. 마지막으로 본 저서에 있는 다양한 [전자상거래 창업하기]의 실무지식을 경쟁적 관계에 있는 사이트들과 비교하여 어떻게 차별화를 할 것이며, 또한 경쟁적 우위를 지속적으로 유지할 것인가에 대해 깊이 고민하시기 바랍니다.

2023년 8월에
김영문 드림

차 례

contents

차   례

차 례

contents

차 례

표
그림
목차

전자상거래 및 인터넷쇼핑몰의 이해

1

전자상거래 및
인터넷쇼핑몰의 이해

전자상거래 및 인터넷쇼핑몰 창업하기를 성공적으로 진행하기 위해서는 먼저 전자상거래와 인터넷쇼핑몰에 대한 이론 및 실무지식에 대해 제대로 알고 있어야 하며, 창업 혹은 기업경영의 과정에서 효과적으로 활용할 수 있어야 한다.

1. 전자상거래의 개요

전자상거래(electronic commerce)는 인터넷이 보편화되기 이전에도 기업과 기업 간에 문서를 전자적 방식으로 교환하거나 PC통신의 홈쇼핑·홈뱅킹 등 다양한 형태로 존재해 왔으나, 인터넷이 대중화되면서 전자상거래는 인터넷상에서의 상거래와 관련지어 생각하게 되었다([그림 1-1] 참고).

먼저, 협의의 전자상거래는 인터넷상에 홈페이지로 개설된 상점을 통해 실시간으로 상품을 거래하는 것을 의미하는데, 인터넷쇼핑몰(Internet Shopping Mall)이 바로 그것이라고 할 수 있다. 거래되는 상품에는 전자부품과 같은 실물뿐 아니라, 원거리 교육이나 의학적 진단과 같은 서비스도 포함된다. 또한 뉴스·오디오·소프트웨어와 같은 디지털 상품도 포함된다.

한편, 광의의 전자상거래는 소비자와의 거래뿐만 아니라 거래와 관련된 공급자, 금융기관, 정부기관, 운송기관 등과 같이 거래에 관련되는 모든 기관과의 관련행위를 포함한다. 또한 전자상거래 시장이란 생산자 (producers), 중개인(intermediaries), 소비자(consumers)가 디지털 통신망을 이용하여 상호 거래하는 시장으로 실물시장(physical market)과 대비되는 가상시장(virtual market)을 의미한다(네이버 지식백과, terms.naver.com).

출처: cafe.naver.com/musicstar2

그림 1-1 전자상거래

2. 인터넷쇼핑몰의 개요

인터넷쇼핑몰(Internet Shopping Mall)은 가상공간에 존재하는 상점을 말한다. 인터넷쇼핑몰은 전통 시장과 같은 시간적·공간적 제약이 없고 국경이 없다는 특성을 지니고 있다. 즉, 소비자들은 인터넷에 개설된 세계 각국의 가상 상점(cyber·store)에서 언제 어디서나 원하는 시간에 비교적 저렴한 가격으로 상품을 구입할 수 있다. 운영자의 입장에서는 운영비가 거의 들지 않고 상권의 제약을 받지 않으며 소비자의 취향에 맞는 상품정보를 제공할 수 있는 장점이 있다(네이버 지식백과, terms.naver.com).

(1) 인터넷쇼핑몰의 장점

인터넷쇼핑몰은 소비자, 기업, 사회, 그리고 창업자 측면에서 여러 장점들이 있으며, 예비창업자들이 창업을 생각할 때에 가장 먼저 고려하는 창업아이템이기도 하다.

① 소비자 측면에서의 장점: 필요한 상품을 쉽고 빠르게 구매할 수 있으며, 365일 24시간 쇼핑이 가능하고, 가격의 비교가 가능하기 때문에 상대적으로 저렴한 가격에 상품을 구매할 수 있다.

② 기업 측면에서의 장점

ⓐ 기존 제품의 새로운 판매 채널을 구축할 수 있다.

ⓑ 시간과 장소의 제약을 초월하여 상품판매 활동이 가능하다.

ⓒ 시장 접근 및 진입이 상대적으로 쉽다.

ⓓ 소비자의 행동에 대해 피드백(feedback)하기 쉽다.

ⓔ 세분화된 고객 전략 수립을 위한 마케팅의 수단으로 활용할 수 있다.

③ 사회 측면에서의 장점

ⓐ 정보화 사회의 진전을 기대할 수 있다.

ⓑ 사회구성원들 간의 교류 활성화를 기대할 수 있다.

ⓒ 교통의 혼잡을 상대적으로 줄 일 수 있다.

④ 창업자 측면에서의 장점

ⓐ 무점포, 재택 및 1인 창업이 가능하다.

ⓑ 상품이미지만 있으면 창업이 가능하며, 이로 인해 사전에 상품을 구입할 필요가 없다. 고객이 주문을 하고 결제를 하면, 도매시장에서 상품을 구입한 후에 배송해도 된다.

ⓒ 한 달에 5-10만원으로 창업이 가능하며, 창업실패로 인한 위험(risk)이 거의 없다.

ⓓ 1명의 창업자가 여러 개의 인터넷쇼핑몰을 충분히 운영할 수 있다.

(2) 인터넷쇼핑몰의 종류

인터넷쇼핑몰은 아래와 같이 종합쇼핑몰, 전문쇼핑몰 등으로 구분할 수 있는데, 개인 창업자는 전문쇼핑몰로 창업을 하는 것이 좋다. 종합쇼핑몰은 직원들이 최소 3-5명 이상이 근무하고 있는 기업에서 운영이 가능하다.

① 백화점식 대단위 쇼핑몰: 백화점과 같이 웹사이트(web site)에 가상 건물을 세우거나 각종 제품을 구비하여 고객들을 불러 모으고 있는 것이 대단위 쇼핑몰이다. 종합쇼핑몰이라고도 하는데, 국내 최초의 인터넷쇼핑몰은 1996년 6월 1일 설립된 인터파크라고 할 수 있다(동아일보, 2012.8.9.).

② 전문쇼핑몰: 소수의 전문화된 품목만을 판매하는 쇼핑몰인데, 300-500개 정도의 상품으로 전문쇼핑몰을 개발할 수 있다. 사실 개인 창업자의 경우에는 종합쇼핑몰 보다는 전문 쇼핑몰로 승부를 하는 것이 더 좋다.

③ 기타: 최근에는 하루에 한 가지의 제품만을 최저가로 판매하는 인터넷쇼핑몰도 인기가 있다. 예를 들어, 원어데이(www.oneaday. co.kr)에서는 하루 24시간 동안에만 최저가로 상품을 판매하고 있으며, 원데이몰(www.onedaymall.net)에서도 매일 12시에 신상품을 등록하며 앱(app)으로 고객들에게 푸쉬 알림으로 알려준다. 이에 따라 백화점식 대단위 쇼핑몰 혹은 전문쇼핑몰 외에도 다양한 사이트를 활용하여 다양한 방법으로 인터넷쇼핑몰을 개발하여 운영하는 것도 생각해 볼 필요가 있다.

(3) 인터넷쇼핑몰 창업의 절차

강현순(2006)은 인터넷쇼핑몰 창업의 절차를 [그림 1-2]과 같이 5단계로 설명하고 있다. 하지만, 인터넷쇼핑몰의 목적과 종류에 따라 아래의 절차는 조금 달라질 수 있을 것이다. 예를 들어, 개인 고객들을 대상으로 하는 인터넷쇼핑몰인가 아니면 글로벌 고객 혹은 기업들을 대상으로 하는 인터넷쇼핑몰인가에 따라 인터넷쇼핑몰 창업의 절차 및 운영방법을 차별되게 접근할 수 있다. 이에 따라 누구를 대상으로 하는 인터넷쇼핑몰인가에 따라 [그림 1−2]에서 제시된 단계는 약간 수정될 수도 있을 것이다.

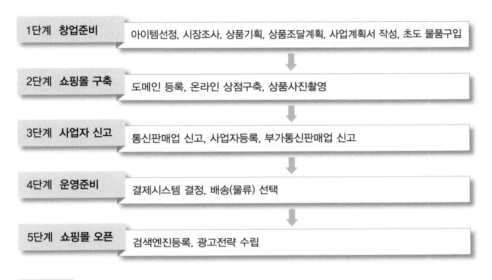

1단계 창업준비	아이템선정, 시장조사, 상품기획, 상품조달계획, 사업계획서 작성, 초도 물품구입
2단계 쇼핑몰 구축	도메인 등록, 온라인 상점구축, 상품사진촬영
3단계 사업자 신고	통신판매업 신고, 사업자등록, 부가통신판매업 신고
4단계 운영준비	결제시스템 결정, 배송(물류) 선택
5단계 쇼핑몰 오픈	검색엔진등록, 광고전략 수립

그림 1−2 인터넷쇼핑몰 창업의 절차

① 창업준비 단계: 창업준비 단계에서는 발품을 많이 팔아서 정보를 수집하는 것이 필요한데, 특히 아이템선정, 시장조사, 상품기획, 상품조달계획의 수립, 사업계획서 작성, 초도 물품구입 등의 업무가 체계적으로 수행되어야 한다.

ⓐ 아이템 선정: 요즈음 많은 창업자 중에서는 잘 팔리고 돈이 되는 아이템만 찾으려고 하는 모습을 볼 수 있는데, 목표로 하는 고객대상을 먼저 생각해 보는 것이 좋을 것이다. 내가 누구를 대상으로 인터넷쇼핑몰을 운영할 것인가를 생각해 보고, 그 다음에 그러한 고객들의 소비패턴(pattern of consumption)

을 심층적으로 조사하는 방식으로 전개한다면 판매할 아이템을 어렵지 않게 찾을 수 있을 것이다. 그렇게 함으로써 특정 분야에서 전문성을 갖출 수 있는 동시에 경쟁력을 확보할 수 있을 것이다.

ⓑ 시장조사: 시장조사는 온라인(on-line)과 오프라인(off-line)에서 동시에 진행되어야 하며, 앞에서 선정한 아이템이 잘 팔리고 있는지, 향후 전망은 좋은지 그리고 경쟁 상태는 어떠한지 등에 대해 심층적으로 조사를 한다. 특히 오프라인에서는 상품을 눈으로 직접 확인하면서 잘 팔릴만한 상품과 전체적인 트렌드(trend)를 살펴봐야 한다. 그리고 상품의 유통구조와 상품조달 방안에 대해서 파악해 둘 필요가 있다. 이러한 시장조사는 먼저 창업 전에 적어도 2-3개월 정도를 실시하는 것이 필요하며, 창업 후에도 정기적으로 진행하는 것이 필요하다.

ⓒ 상품기획: 인터넷쇼핑몰에서 판매할 상품의 종류를 결정하고, 어떻게 분류하고 조합할 것인가를 구상한다. 요즈음은 단품만 판매하기보다는 의류와 벨트, 악서사리 등의 세트 상품(set goods)으로 개발하여 판매하는 경향이 있다.

ⓓ 상품조달 계획의 수립: 어떤 상품을 어디에서 얼마나 구매할 것인가를 계획해야 한다. 요즈음 국내 유통시장뿐만 아니라 해외로 나가는 경향이 많은데, 카페(cafe) 혹은 커뮤니티 활동을 열심히 하게 되면 자연스럽게 배우게 된다. 또한 도매꾹(www.domeggook.com), 베스트켓(www.bestket.com), 도매토피아(www.dometopia.com) 등과 같은 온라인 도매시장을 살펴보는 것도 좋다.

ⓔ 사업계획서 작성: 아무리 적은 자금으로 창업을 한다고 하더라도 사업계획서를 한 번도 작성해 보지 않았다면 성공적인 창업은 힘들 것이다. 특히 예산과 관련된 계획은 반드시 세

워봐야 하는데, 그렇게 함으로써 현실성 있는 창업 준비가
가능할 것이다.

ⓕ 초도 물품구입: 전체 상품기획에 대한 준비가 끝났으면, 실
제로 초도 물품을 구매해 보는 것이 필요하다. 그런데, 너무
많이 구매하면 현금유동성에 문제가 생길 수 있고, 판매되지
못한 물건은 모두 재고로 남기 때문에 처음에는 몇 개씩만
구매하는 것이 필요할 것이다.

② 쇼핑몰 구축단계: 쇼핑몰 구축단계에서는 도메인 등록, 쇼핑몰
운영정책수립, 쇼핑몰 제작유형 결정, 쇼핑몰 기획, 쇼핑몰 제
작, 디자인 의뢰, 상품사진 촬영 등의 업무가 수행되어야 한다.

ⓐ 도메인 등록: 아이네임즈(www.inames.co.kr) 등과 같은 전문
사이트에서 구입하면 되는데, 도메인만 보면 무엇을 하는 사
이트인지를 알 수 있는 도메인 네임(domain name)을 구입하
는 것이 좋다. 또한 한글도메인 보다는 국제도메인 혹은 kr
도메인을 구입하는 것이 좋다.

ⓑ 쇼핑몰 운영정책 수립: 회원 및 비회원 구매, 마일리지 제도
의 도입, 배송료, 환불 및 교환 등 쇼핑몰 운영과 관련된 다
양한 정책을 수립해야 한다. 이 부분에 대해서는 다른 유명
쇼핑몰을 벤치마킹(benchmarking)하는 것이 필요하다.

ⓒ 쇼핑몰 제작유형 결정: 인터넷쇼핑몰은 직접 개발하는 방법
도 있지만 요즈음은 쇼핑몰 호스팅 서비스를 받거나 웹에이
전시(web agency)에 의뢰하여 개발하기도 한다. 또한 카페
(cafe)의 사진등록 기능을 이용하여 상품을 등록한 후에 판매
하는 방법도 많이 사용하며, 대형쇼핑몰 및 오픈마켓(open
market)의 입점을 통해 인터넷쇼핑몰을 운영할 수도 있다. 특
히 옥션에서는 스토어(store) 그리고 G마켓에서는 미니샵
(minishop)을 개설하여 인터넷쇼핑몰처럼 운영하는 것도 가
능하다.

ⓓ 쇼핑몰 기획: 쇼핑몰의 카테고리, 상품진열 방법, 광고카피 (copy, 광고물 중 글자 부분), 메뉴명, 이벤트 혹은 기획전의 위치, 고객지원안내 방식 등 쇼핑몰의 화면에 대해 기획을 해야 한다. 쇼핑몰 기획 역시 현재 성공적으로 운영 중인 인터넷쇼핑몰들을 접속하여 살펴보면서 벤치마킹(benchmarking)을 하는 것이 필요하다.

ⓔ 쇼핑몰 제작: 쇼핑몰 호스팅 서비스를 받거나 웹에이전시(web agency)에 의뢰하여 제작하는 경우에도 제작의 모든 과정에 적극 참여하는 것이 중요할 것이다. 디자인 등과 같은 외형적인 모습보다는 고객관리 및 서비스 등 내부 프로그램의 차별화에 집중하는 것이 필요하다.

ⓕ 디자인 의뢰: 로고(logo), 이미지로 제작된 타이틀(메인 소개글), 배너, 약도 등 고급 기술의 디자인이 필요한 부분에 대해서는 웹디자이너에게 의뢰하는 것도 좋을 것이다.

ⓖ 상품사진촬영: 처음 인터넷쇼핑몰을 개발할 때에는 전문가에게 의뢰할 수 있으며, 장기적으로 생각한다면 결국 본인이 디지털 카메라와 촬영장비 세트를 구비하여 직접 촬영을 하는 것이 필요하다. 다만, 상품사진은 고객이 상품의 어떤 부분에 관심을 있을까를 생각하면서 고객의 입장에서 상품의 사진을 촬영하는 것이 필요할 것이다.

③ 사업자 신고: 인터넷쇼핑몰 창업을 하려면 세무서에서 사업자등록을 하고, 지방자치단체에 통신판매업 신고를 하면 된다. 또한 인터넷쇼핑몰 창업관련 법률에 대해서도 알아야 하는데, 특히 "전자상거래 등에서의 소비자보호에 관한 법률"의 내용을 반드시 숙지해야 한다.

④ 운영 준비단계: 운영 준비단계에서는 결제시스템 선정, 배송회사의 선택, 고객지원 준비, 상품등록 등의 업무가 수행되어야 한다.

ⓐ 결제시스템 결정: 인터넷쇼핑몰에서 고객의 상품구매에 따른

결제를 하기 위해서는 지불중계업체(PG, Payment Gateway)를 결정해야 하는데, 일반적으로는 인터넷쇼핑몰 호스팅 업체에서 대행해 준다. 랭키닷컴(www.rankey.com)에서 전자결재솔루션을 검색하면 지불중계업체에 대한 정보를 자세히 알 수 있다.

ⓑ 배송회사의 선택: 고객이 주문한 상품을 배송하기 위해서는 배송 회사를 선택해야 하는데, 랭키닷컴(www.rankey.com)의 택배/물류에서 자세한 정보를 알 수 있다. 상품의 배송을 위한 박스의 구입은 박스전문 쇼핑몰에서 구입하면 되며, 배송료는 택배사와 월 배송건수에 따라 차이가 있다.

ⓒ 고객지원 준비: 온라인으로 거래되는 쇼핑몰이라고 하더라도 고객 상담을 위한 전화 및 상담시간은 필요하며, 아울러 문의 게시판 등 온라인에서의 고객지원을 위한 준비도 필요하다. 요즈음은 상품설명을 위한 동영상(UCC, user created contents)을 제공하는 경우도 많고, 전화 외에도 채팅, 화상 상담을 실시하는 회사도 많이 있다는 것을 고려해야 한다.

ⓓ 상품등록: 인터넷쇼핑몰에 상품사진, 가격, 상세설명 등을 등록하게 되는데, 오픈마켓(open market)의 경우에는 보통 상품 사진의 수를 제한하는 경우가 있으며 사진 크기 및 용량도 제한되어 있다. 또한 인터넷쇼핑몰 창업자들은 옥션, G마켓, 11번가, 이베이(ebay) 등 국내외의 오픈마켓에도 상품을 등록하여 판매하기 때문에 상품사진의 원본(PSD 파일)을 보관해야 한다.

⑤ 쇼핑몰 오픈단계: 쇼핑몰 오픈단계에서는 검색엔진등록, 광고전략 수립 및 진행 등의 업무가 수행된다.

ⓐ 검색엔진 등록: 현재 국내에서는 네이버(www.naver.com), 네이트(www.nate.com), 다음(www.daum.net) 등의 검색엔진에 등록하면 된다. 하지만, 프로텔컴(www.protelc.com), 이인벤

션(www.einvention.kr) 등과 같은 검색엔진 등록대행 사이트를 활용하면 저렴한 비용으로 적어도 20개 이상의 사이트에 등록을 할 수가 있다.

ⓑ 광고전략 수립 및 진행: 인터넷쇼핑몰이 주로 사용하는 광고는 검색엔진의 검색어(키워드) 광고인데, 네이버의 경우에는 파워링크, 플러스프로, 클릭초이스 등으로 구분하고 있다. 또한 온라인 키워드 광고전문 회사들이 많은데, 오버추어(www.overture.co.kr), 애드게이트(www.adgate.kr) 등이 있다. 초보창업자들의 경우에는 창업초기 단계에서는 이러한 광고전문 회사들을 통하여 키워드 광고를 진행하는 것도 홍보 효과를 높이는데 도움이 된다. 다만, 3−6개월 후에는 창업자가 직접 진행을 하는 것이 장기적으로 비용절감을 위해서도 필요하다.

> **참고** 키워드 광고(Keyword advertising)
>
> 키워드 광고는 CPC(Cost Per Click) 및 CPM(Cost Per Mille) 등으로 구분할 수 있으며, 주요 포털에서의 광고 상품은 아래와 같다. 사실 인터넷쇼핑몰의 개발 및 운영으로 인한 매출은 키워드 광고를 포함한 다양한 온라인 광고(online advertising)에 의해 좌우된다고 할 수 있기 때문에 주요 포털에서 판매하고 있는 광고 상품을 구체적으로 조사한 후에 활용하는 것이 매우 중요하다.
> ① 네이버: 비즈니스・광고(business.naver.com/service.html)
> ② Daum: 로컬광고(local.biz.daum.net)
> ③ 구글: Google Ads 광고(ads.google.com)
> ④ 네이트(nate): 광고문의(business.nate.com)

(4) 수정된 인터넷쇼핑몰 창업의 절차

예비창업자들이 가장 많은 관심을 갖고 있는 창업아이템 중의 하나가 바로 인터넷쇼핑몰 창업이라고 할 수 있다. 점포가 필요 없으면서 집에서도 창업을 할 수 있다는 점에서 선호하는 것이 사실이지만, 정

작 인터넷쇼핑몰로 돈을 많이 벌고 있는 창업자들이 예상보다 많지 않다는 것 또한 현실이다. 그렇기 때문에 인터넷쇼핑몰 창업을 쉽게 생각하고 뛰어들었다가는 너무나 빨리 좌절하고 실패할 수 잇다는 것을 생각해야 한다.

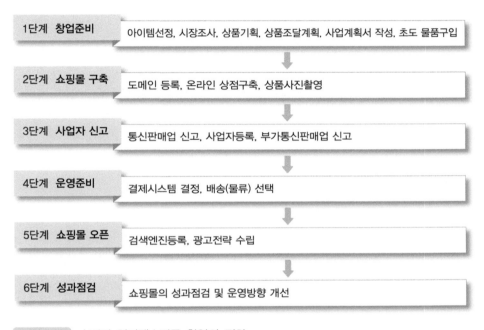

1단계 창업준비	아이템선정, 시장조사, 상품기획, 상품조달계획, 사업계획서 작성, 초도 물품구입
2단계 쇼핑몰 구축	도메인 등록, 온라인 상점구축, 상품사진촬영
3단계 사업자 신고	통신판매업 신고, 사업자등록, 부가통신판매업 신고
4단계 운영준비	결제시스템 결정, 배송(물류) 선택
5단계 쇼핑몰 오픈	검색엔진등록, 광고전략 수립
6단계 성과점검	쇼핑몰의 성과점검 및 운영방향 개선

그림 1-3 수정된 인터넷쇼핑몰 창업의 절차

앞에서 강현순(2006)은 인터넷쇼핑몰 창업의 절차를 [그림 1-3]과 같이 5단계까지만 제시하였는데, 본 저서에서는 제6단계를 추가하였다. 인터넷쇼핑몰을 오픈하고 운영을 하면서 정기적으로 성과를 점검하는 것이 필요하며, 점검의 결과는 상위 단계로 피드백(feedback)이 되어 수시로 보완되어야 한다. 또한 성과점검 단계에서는 인터넷쇼핑몰의 성과점검 및 운영방향의 개선으로 세분할 수 있는데, 구체적인 내용은 아래와 같다.

① 쇼핑몰의 성과점검: 인터넷쇼핑몰을 오픈한 이후 3개월 정도의

주기로 성과를 점검하는 것이 필요하며, 다음과 같은 척도를 사용하여 조사해 볼 수 있다.

ⓐ 방문고객의 수

ⓑ 회원가입의 수

ⓒ 매출의 증감 추세

ⓓ 문의(질문과 답변)의 내용

ⓔ 많이 판매되는 상품의 유형

ⓕ 자주 검색하는 상품의 종류

② 운영방향의 개선: 처음 인터넷쇼핑몰을 계획했을 때에 비하여 쇼핑몰의 성과가 부진하다고 판단될 때에는 아래의 사항에 대한 개선을 고려할 수 있다.

ⓐ 판매하는 상품의 변경

ⓑ 홍보 및 광고방법의 변경

ⓒ 인터넷쇼핑몰 솔루션의 변경

ⓓ 고객서비스의 획기적인 개선

ⓔ 인터넷쇼핑몰에서 진행할 수 있는 새로운 수익모델의 추가

ⓕ 인터넷쇼핑몰의 폐쇄 여부 및 업종전환

ⓖ 다른 전자상거래 사이트들과의 제휴 추진

ⓗ 제휴마케팅(affiliate marketing)을 활용한 상품의 판매

3. 인터넷쇼핑몰의 개발방법

일반적으로 인터넷쇼핑몰의 개발 및 운영은 직접구축 및 솔루션구입/ASP서비스 이용의 2가지 방법으로 가능하다(홍성근, 김동희, 2003). 하지만, 창업자가 직접 인터넷쇼핑몰을 개발하는 것은 거의 불가능하며, 이에 따라 다양한 인터넷쇼핑몰 전문기업에서는 무료 혹은 매월 일정액을 받고 인터넷쇼핑몰 창업에 필요한 다양한 솔루션(solution)을

제공해 주고 있다. 즉, 인터넷 쇼핑몰 ASP(Application Service Provider) 서비스를 제공하고 있는 전문기업들을 통하여 인터넷쇼핑몰 창업을 하는 것이 편리한데, 현재 국내에는 아래의 전문기업들이 있다.

① 메이크샵(www.makeshop.co.kr)

② 카페24(www.cafe24.com)

③ 가비아(www.gabia.com)

④ 후이즈(mall.whois.co.kr)

⑤ 고도몰(www.godo.co.kr)

참고 인터넷쇼핑몰 솔루션의 선택
여러 인터넷쇼핑몰 솔루션 중에서 특정 기업의 솔루션을 선택할 때에 고려해야 하는 요소들은 다음과 같다.
① 인터넷쇼핑몰 솔루션의 인지도 및 시장점유율.
② 인터넷쇼핑몰 솔루션이 프랜차이즈 사업을 지원하는지의 여부
③ 인터넷쇼핑몰의 개발 및 운영과 관련된 비용
④ 키워드 광고 및 매출향상의 지원 여부
⑤ 해외고객을 위한 인터넷쇼핑몰의 개발 및 운영 지원 여부

4. 인터넷쇼핑몰 창업의 실패 요인

인터넷쇼핑몰 창업자의 80%가 6개월을 기점으로 폐점하고 있고, 실질적으로 매출을 올리는 인터넷쇼핑몰은 불과 10-20% 정도라고 할 수 있는데, 이렇게 인터넷쇼핑몰 창업이 실패하는 이유에 대해서 강현순(2005)은 다음과 같은 5가지 이유를 지적하고 있다.

(1) 전반적인 지식부족

인터넷쇼핑몰 창업을 하는데 있어서 많은 지식을 필요로 하고 있다. 예를 들어 상품정보, 쇼핑몰시스템에 관한 이해, 고객에 대한 이해, 고객관리의 능력, 세금관련 업무, 마케팅 이해와 방법론, 사업의

흐름을 읽는 능력 등은 인터넷쇼핑몰을 운영하는데 필요한 필수지식이라고 할 수 있다. 하지만, 대부분의 창업자들은 전문기업에 의뢰하여 인터넷쇼핑몰을 개발하면 된다는 생각만 하고 있으며, 인터넷쇼핑몰의 운영에 필요한 세부적인 이론 및 실무지식이 매우 부족한 실정이다.

한편, 인터넷쇼핑몰 창업자들이 반드시 알고 있어야 하는 실무지식으로는 전자상거래 관련 법률이 있는데, 로앤비(www.lawnb.com)에서 키워드 [전자상거래]를 검색하여 확인할 수 있다. 즉, 로앤비에서 확인할 수 있는 [전자상거래 등에서의 소비자보호에 관한 법률]에는 인터넷쇼핑몰 혹은 전자상거래 창업자들이 반드시 준수해야 하는 사항들이 있는데, 창업 전 혹은 창업의 과정에서 자주 확인해 보는 것이 필요하다.

(2) 사업에 대한 스스로의 믿음 상실

사업을 진행하다 보면 계획에 없던 일들이 종종 생기게 되며, 그때마다 문제점과 난관에 봉착하게 되지만, 문제가 있으면 반드시 해결책이 있기 마련이다. 사업은 창업자 스스로의 믿음에서부터 시작된 다는 것을 생각해야 한다. 하지만, 매출이 오르지 않으면 인터넷쇼핑몰 창업에 대한 부정적인 사고에 사로잡혀서 해결책을 찾으려는 노력을 제대로 하지 않거나 할 줄을 모르는 실정이다.

(3) 마케팅 활동부재

대부분의 회사들은 마케팅에 대한 계획 없이 사업에 임하게 된다. 그러나 마케팅이 없이 아무리 좋은 상품을 개발한들 시장에 팔리질 않는다. 상품은 시장의 니즈(needs)에 의해서 나오게 되므로 마케팅은 회사의 필수 과정이며, 반드시 사업 전 계획하고 진행해야 할 사항이다. 특히 마케팅은 온라인(on-line)과 오프라인(off-line)에서 동시에 진행되어야 하는데, 많은 창업자들이 온라인 마케팅에 대한 실무지식이 부족한 실정이다.

(4) 웹 기획에 대한 이해 부족

지금의 사업 환경은 인터넷이며, 인터넷을 대표하는 것은 웹(web)이다. 즉, 웹 기획이란 웹 환경에 맞춰진 기획을 한다는 말과 같다. 사람들은 웹을 통하여 정보를 습득하고 물건을 사고, 팔고, 기타 서비스들을 이용한다. 그러므로 고객의 행동양식이나 소비패턴을 조사 및 분석하여 웹 기획을 해야 고객의 접근을 쉽게 만들고, 서비스 이용을 편리하게 만들어 줄 수가 있다. 다시 말해 매출과 연관성이 크다는 말이다. 그럼에도 불구하고 아직도 홈페이지 전문회사에 그냥 알아서 잘 만들어달라는 식으로 말하는 것으로 인터넷쇼핑몰의 개발을 진행하고 있는 실정인데, 이것은 결국 매출저하 혹은 폐업으로 이어질 수 있다.

(5) 초기 아이템 선정에 대한 잘못됨

대부분의 사업실패 원인은 남의 것만 따라 하기 때문이다. 사업에 성공을 하려면 트렌드를 잘 읽어야 하고 고객이 될 소비자들이 무슨 생각을 하고 있는지, 외부환경이나 정책들은 어떻게 변화되고 있는지 등을 지속적으로 체크하고 분석해야 한다. 특히 사업아이템은 사업의 성패를 좌우하는 중요한 부분이며, 과학적인 조사와 분석을 통해서 반드시 구체적으로 살펴봐야 할 부분이다.

5. 인터넷쇼핑몰 창업의 성공전략 5가지

예비창업자가 소호(SOHO) 혹은 투잡스(two jobs) 형태로 인터넷쇼핑몰 창업에서 성공하기 위한 전략 5가지를 제시하면 다음과 같다(김영문, 2011).

(1) 구매력을 갖춘 목표고객을 선정하라.

구매력이 없는 고객은 아무리 많아도 소용이 없다. 그렇기 때문에 내가 운영하는 인터넷쇼핑몰은 어떤 고객을 대상으로 운영할 것인가를 결정해야 한다. 즉, 구매력을 갖춘 목표고객(target market)을 선정하고, 그 고객에 맞는 인터넷쇼핑몰을 구축해야 한다.

(2) 종합쇼핑몰 보다는 전문쇼핑몰로 승부하라.

목표고객들이 빈번하게 구매하는 상품을 중심으로 하되, 개별 품목에서 다양한 구색의 상품을 준비할 수 있도록 한다. 즉, 소호 혹은 투잡스 창업의 경우에는 주로 재택 형태로 1-2명의 인력이 운영하기 때문에, 너무 많은 종류의 상품을 취급하는 것은 오히려 인터넷쇼핑몰의 경쟁력을 약화시킬 수 있다.

(3) 브랜드 인지도를 높이도록 홍보를 강화하라.

브랜드 인지도를 높이며, 특히 충성도가 높은 고객을 많이 확보하도록 하도록 해야 한다. 이를 위해서는 회원관리프로그램 혹은 CRM(Customer Relationship Management, 고객관계관리) 솔루션의 도입이 절대적으로 필요할 것이다.

(4) 온라인 상담 및 A/S, 상품의 배송 서비스를 향상시켜라.

인터넷쇼핑몰 이용자들이 가장 불만족 하는 온라인 상담 및 A/S, 상품의 배송 서비스를 강화시킨다. 단순 게시판 혹은 메일상담 기능보다는 콜센터(call center) 혹은 화상상담 기능을 제공하고, 상품 배송 과정에 대한 정보도 수시로 메일 혹은 문자메시지로 제공해야 한다. 최근에는 365일 24시간 불을 밝히고 고객 전화를 받는 온라인쇼핑몰 기업들이 많아지고 있는 실정이며, 온라인쇼핑몰들이 반품서비스 경쟁에 이어 24시간 콜 센터까지 무한 서비스 경쟁에 돌입한 지는 이미 오래되었다(디지털타임스, 2011.5.31).

(5) 음성과 동영상 서비스의 강화하라.

단순히 이미지 및 텍스트 중심의 인터넷쇼핑몰에서 현재 홈쇼핑 채널의 컨셉트(concept)를 최대한 도입한다. 즉, 음성 및 동영상 쇼핑몰의 구축을 통해서 실제 백화점에서 상품을 보면서 구매하는 것과 같이 현실감이 넘치는 쇼핑몰을 구축하는 것을 고려해야 한다.

한편, 강현순(2006)은 인터넷쇼핑몰 창업의 성공을 위한 8계명을 다음과 같이 제시하고 있다. 이러한 사항들은 인터넷쇼핑몰 창업 전부터 고민해야 하며, 창업 후에도 지속적으로 명심해야 할 내용들이다.

① 자기만의 차별화된 아이템으로 승부하라.

② 온라인 판매 전에 e−마켓플레이스(혹은 오픈마켓) 등에서 현장 경험을 충분히 쌓아라.

③ 컴퓨터 및 인터넷 관련 실무지식을 습득한 후 창업하라.

④ 좋은 제품을 싸게 공급받을 수 있는 최상의 공급처를 확보하라.

⑤ 최신의 마케팅 기법은 신뢰임을 명심하라.

⑥ 빠른 배송과 포장서비스를 차별화하라.

⑦ 오프라인보다 더욱 더 친절히 대하라.

⑧ 구매자의 불평이나 질문을 피드백으로 삼아라.

6. 인터넷쇼핑몰에서의 산업공학 적용

산업공학(industrial engineering)은 생산 활동에 있어서 인력(人力)・자재・설비・기술・자금 등의 종합적 시스템의 설계・개선 및 설정에 관한 문제를 다루는 기술 또는 개념의 체계라고 할 수 있는데(네이버 백과사전, 100.naver.com), 인터넷쇼핑몰을 개발 및 운영할 때에도 산업공학의 개념이 활용될 수 있다. 즉, 쇼핑을 이끌어 낼 수 있는 색깔이나 버튼 혹은 고객에게 신뢰감을 줄 수 있는 디자인 등이 그 예라고 할 수 있으며, 이에 대해 원승교(2006)는 인터넷쇼핑몰에서도 산업공학을 적용할 수 있다고 주장하면서, 구체적으로 다음과 같은 7가지 방법을 제시하고 있다.

① 설명은 감성적이고 자세할수록 잘 팔린다. 모든 쇼핑 사이트의 상품 설명 중에서 최악은 카탈로그의 상품 사양을 그대로 복사해 웹(web)으로 올려놓은 것이다. 옥션이나 일부 컴퓨터 부품 판매 사이트에서 자주 볼 수 있는 광경으로 해당 제품에 대한 기술적인 정보만을 잔뜩 올려놓는다는 것이다. 정보통신 관련 기기나 전자제품의 경우 정확한 제품의 정보는 당연히 필수 요건이지만, 그것보다 더 중요한 것은 바로 상품구입으로 인해서 얻을 수 있는 만족감, 감성적인 메시지 그리고 자세한 정보를 제공할 수 있도록 해야 한다.

② 확대 이미지는 크고 선명할수록 효과적이다. 제품의 이미지 사진이 다양한 각도에서 가능한 큰 이미지로 나올수록 구매에는 탁월한 효과를 발휘한다. 어설픈 구도에 매끄럽지 못한 색감, 엄지손톱만한 이미지의 크기로 상품의 앞뒤마저 분간하기 어려운 경우 구매를 돕기보다는 방해만 될 뿐이다. 컴퓨터의 CPU나 RAM과 같은 부품은 그 모양이 표준화되어 있고 작동만 된다면 대부분 그 외형은 어찌되어도 상관없다. 그러나 경매 사이트에서 직접 찍어 올린 사진이 있는 경우와 그렇지 않고 말로만 설명한 경우에는 그 낙찰 가격의 차이가 큰데, 소비자의 입장에서는 보는 것이 믿는 것이라는 것이다. 더구나 오프라인 상점과는 다르게 온라인 상점에는 오로지 시각 하나뿐이라는 것을 생각해야 한다.

③ 구매 완료까지의 과정이 짧을수록 좋다. 인터넷쇼핑몰의 첫 페이지에의 접속에서부터 구매과정을 거쳐서 구매 완료에 이르기까지의 총 마우스 클릭 수를 헤아려 보자. 마우스의 클릭이 10번이 넘어가면 위험하다. 고객에게 지루함을 주고 구매를 망설

일 시간을 줄 수 있는데, 오프라인에서는 일단 시작하면 쉽게 멈출 수 없지만 온라인에서는 너무나 쉽게 스톱이 가능하다는 것을 명심해야 한다.

④ 간결하게 만들고, 자주 정리하라. 백화점이나 일반 상점의 전시 구조는 6년에 1번 정도의 비율로 새 단장을 한다고 한다. 미국의 통계가 그렇다. 한국에서는 보통 계절별로 한번씩, 1년에 4차례 정도 디스플레이를 정돈하는 것처럼 보인다. 그러나 아마존닷컴(www.amazon.com)은 1년에 20차례의 비율로 즉 월 평균 1.6회의 간격으로 전시 구조 디스플레이 레이아웃(layout)을 갱신하고 있다. 연관 있는 상품별로 묶고 판매가 부진한 상품을 밀어 놓거나 제외해야 하며, 경쟁력 있는 상품은 앞에 진열하고 제대로 된 가격을 고객에게 요구하는 것이 좋다. 이와 동시에 판매가 부진한 재고는 가격을 저렴하게 조정하여 빨리 판매를 하는 것이 좋을 것이다.

⑤ 약점은 초반에 알려줘라. 상품을 선택하고 옵션을 결정해서 주소를 입력하고 신용카드 승인 신청을 하려는데 갑자기 제품 가격이 3,000원쯤 올랐다고 생각해 보라. 왜 그런 것인지 알아보니 구입 결정을 할 때에는 몰랐던 택배비용이 어느 순간에서인가 추가되었다는 것이다. 즉, 운영상의 단점을 반드시 미리 공개하여 고객에게 양해를 구하는 것이 중요하다. 또한 배달이 불가능한 지역이 있는지도 미리 알려 주어야 한다.

⑥ 고객이 이미 알고 있던 것을 판다. 인터넷쇼핑몰에서 가장 많이 판매되는 상품 가운데 하나는 컴퓨터와 그 부품들인데, 그것은 온라인으로 접속하고 있다는 것은 100% 컴퓨터를 보고, 알고, 만질 수 있는 위치에 있다는 반증이다. 즉, 온라인 구매는 비접촉 구매이며 고객은 모니터에 나타난 몇 가지 이미지와 설명을 통해서 상품을 상상하고 구매한다는 것이다. 그렇기 때문에 특별한 상품보다는 대중성이 있는 제품이 잘 팔린다는 것이다.

⑦ 그 노래는 제발 틀지 마세요. 인터넷쇼핑몰에서는 자동으로 음악이 흘러나오도록 사이트를 꾸며서는 안 된다. 고객은 의도하지 않은 작은 팝업 창 하나에 신경질적인 반응을 보일 수 있으며 그런 반응은 당연하다고 할 수 있다.

7. 인터넷쇼핑몰을 직접 만들기

인터넷쇼핑몰을 직접 만들기 위해서는 국내 주요 인터넷쇼핑몰 전문기업에서 실시하는 오프라인(off-line) 및 온라인(on-line) 교육에 적극 참가하는 것이 많은 도움이 된다. 예를 들어, 메이크샵(makeshop)에서 운영하는 샵인사이드(www.shopinside.net)에서는 인터넷쇼핑몰 창업에 대한 온라인 및 오프라인 교육에 대한 정보를 제공하고 있으며, 카페24에서도 교육센터(edu.cafe24.com)의 운영을 통해 전국적으로 인터넷쇼핑몰 창업교육을 진행하고 있다.

또한 가비아(www.gabia.com)에서는 인터넷쇼핑몰 창업자들을 위한 교육을 진행하고 있으며, 후이즈는 후이즈 아카데미(study.whois.co.kr)를 통하여 인터넷쇼핑몰 창업교육을 진행하고 있다. 아울러 고도몰에서도 고도교육센터(edu.godo.co.kr)를 통하여 서울과 부산에서 인터넷쇼핑몰 창업교육을 진행하고 있다.

한편, 이러한 전문기업 외에도 다음(Daum)과 네이버(Naver)에 있는 창업관련 카페(cafe)에서도 인터넷쇼핑몰 창업교육을 자체적으로 진행하고 있는 실정인데, 우선 오프라인 교육에 참가한 후에 교재를 준비하여 복습을 하면서 인터넷쇼핑몰을 만들면 된다.

8. 인터넷쇼핑몰을 직접 만들기 위해 배워야 하는 것

(1) HTML과 포토샵

제2장에서 설명하고 있는 HTML과 포토샵은 컴퓨터와 인터넷을 활용하여 창업을 하기 위해서는 반드시 알아야 한다. 특히 HTML의 경우에는 네이버 소프트웨어(software.naver.com)에서 에디트플러스(EditPlus)를 다운 받아서 활용하거나 다음(Daum) 혹은 네이버(Naver)의 카페(cafe)에서 다음과 같은 방법으로 실습을 하면 된다.

① [그림 1-4]과 같이 [글쓰기]를 클릭한 후에 오른쪽에 있는 [HTML]를 체크한다.

② HTML 명령어를 입력한다.

③ [미리보기]를 클릭하여 HTML 명령어를 실행결과를 확인한다.

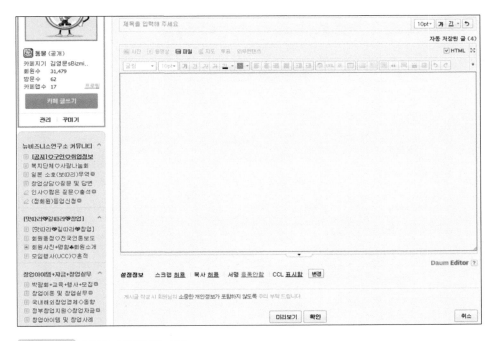

그림 1-4 HTML 명령어의 실습

(2) FTP의 사용방법

FTP(file transfer protocol)는 인터넷을 통해 한 컴퓨터에서 다른 컴퓨터로 파일을 전송할 수 있도록 하는 방법 및 그런 프로그램을 모두 일컫는 말인데, 홈페이지 혹은 인터넷쇼핑몰의 특정 페이지를 수정한 HTML 문서파일을 서버(server)로 전송하는 프로그램을 말한다. 일반적으로는 알FTP를 많이 사용하는데([그림 1−5] 참고), 다음(Daum) 혹은 네이버(Naver)에서 검색하여 다운받으면 되며, 사용방법은 검색하여 읽어보면 된다.

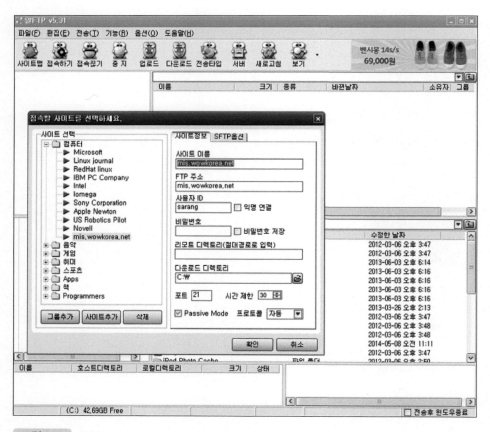

그림 1−5 FTP

(3) 상품사진 촬영 및 조명 구입

디카 혹은 휴대폰을 사용하여 상품사진을 촬영해야 하며, 이를 위해서는 조명장치를 구입하는 것도 필요하다. 즉, 상품을 판매하기 위해서는 상품 사진을 보기 좋게 촬영하는 것이 필요한데, 가정에서 사용하는 형광등 아래에서 촬영해 보면 상품이 흐리게 보이기 때문에 별도의 조명장치를 구입하는 것이 좋다.

(4) YouTube 채널(맛따라 · 길따라 · 창업)에 등록된 동영상의 활용

유튜브(www.youtube.com)에 저자가 개설한 맛따라 · 길따라 · 창업 채널(www.youtube.com/@newbiz2001/videos)에는 본 저서에 있는 많은 내용들이 동영상으로 제작되어 등록되어 있으며, [그림 1-6]에서 보듯이 오른쪽 하단의 검색 창에 검색어를 입력하여 찾아 볼 수 있다. 비록 일부 동영상의 경우에는 저서의 수정 및 보완 등의 사유로 인해 저서의 내용과는 약간 차이가 있을 수 있지만 핵심적인 내용을 이해하는 데에는 아무런 문제가 없을 것으로 판단한다.

그림 1-6   유튜브 강좌의 검색

YouTube 채널 : 맛따라 · 길따라 · 창업

유튜브(YouTube)에 등록되어 있는 [제1장 전자상거래 및 인터넷쇼핑몰의 이해]와 관련된 동영상 강좌는 다음과 같다.

① 전자상거래와 인터넷쇼핑몰의 이해
② 인터넷쇼핑몰 창업의 성공전략
③ 인터넷쇼핑몰 창업의 절차
④ 인터넷쇼핑몰 창업의 고려사항

전자상거래 창업을 위한 포토샵과 HTML 활용

2

전자상거래 창업을 위한
포토샵과 HTML 활용

기업에서 생산하거나 판매하고 있는 상품과 서비스를 오프라인(off
-line)뿐만 아니라 온라인(on-line)에서 효과적으로 홍보하거나 전자
상거래 사이트를 개발하여 판매하기 위해서 활용해야 하는 것이 바로
포토샵(Photoshop)과 HTML이라고 할 수 있다. 최근 오프라인(off-
line)에 비하여 온라인(on-line)에서 진행되고 있는 홍보와 판매가 지
속적으로 증가하고 있는 실정이며, 전자상거래 사이트 혹은 인터넷쇼
핑몰을 활용한 홍보와 판매를 효과적으로 진행하기 위해서는 포토샵
과 HTML을 활용하는 것이 매우 중요하다고 할 수 있다.

제 1 절 포토샵의 이해와 활용

최근 아이패드용 포토샵의 한국어 버전을 출시되면서(파이낸셜뉴스,
2021.4.23.), 모바일 기기를 활용하는 웹 사이트의 개발 및 운영이 더욱
활성화될 것으로 예상되고 있다. 예를 들어, 아이패드용 포토샵을 활
용하여 다양한 상품이미지들을 만들 수 있으며, 이로 인해서 시간과
장소에 구애받지 않고 상품의 등록 및 홍보가 가능하게 되었다. 또한
인공지능(AI) 기술을 이용해 개선한 포토샵(Photoshop) 업데이트판이
출시되면서, 상품이미지의 제작이 훨씬 더 편리해 지면서 또한 쉬워졌
다(AI타임스, 2022.10.19.).

이에 따라 제1절에서는 먼저 초보자들이 알아야 할 포토샵 실무지
식에 대해 구체적으로 설명할 것이며(김영문, 2012), 포토샵을 활용하여

다양한 종류의 이미지(image)를 만드는 방법에 대해 단계별로 설명할 것이다. 또한 직접 제작한 포토샵 이미지를 이미지 호스팅 사이트 (image hosting sites)에 등록한 후에 다양한 전자상거래 사이트를 만들기 위해 HTML 명령어로 활용하는 방법에 대해서도 실무적으로 설명할 것이다.

1. 포토샵의 화면 구성

다양한 종류의 웹 사이트(web sites)를 활용하여 홍보를 하거나 상품판매를 진행하기 위해서는 기업에서 판매하는 상품들을 포토샵 이

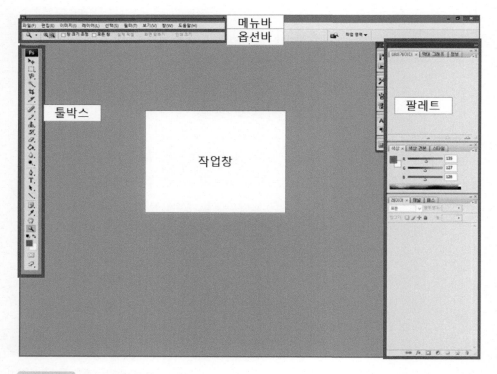

그림 2-1   포토샵의 화면 구성

미지로 만들어야 하는데, 이를 위해서는 포토샵의 기본적인 화면구성 및 도구박스에 있는 다양한 도구들에 대해 잘 이해하고 효과적으로 활용할 수 있어야 한다. [그림 2-1]에서 보듯이 포토샵은 여러 부분으로 구성되어 있는데, 포토샵의 버전에 상관없이 포토샵을 직접 실행한 후에 화면구성 및 주요 메뉴들을 살펴보는 것이 필요하다.

① 메뉴바: 포토샵을 이용하여 작업할 수 있는 모든 메뉴를 사용목적에 따라 구분하고 있으며, 각각의 메뉴를 클릭하면 관련 메뉴가 아래로 표시된다.

② 옵션바: 선택한 툴(도구) 메뉴의 각종 옵션을 변경할 수 있는 곳이다.

③ 툴박스(도구상자): 이미지에 직접 작업을 할 수 있는 다양한 도구들을 모아둔 곳이며, 이미지를 만들 때에 가장 많이 사용된다.

④ 작업창(이미지창): 작업하려는 사진이나 이미지를 표시하는 창이다.

⑤ 팔레트(palette): 이미지 수정 및 편집 작업에 도움을 주는 각종 기능 및 옵션들을 쉽고 간단하게 사용할 수 있도록 독립된 창으로 구성해 놓은 것이다.

참고 포토샵 이미지를 만드는 작업 중에 팔레트를 다시 설정하고 싶다면 아래의 왼편에서와 같이 [창]-[작업영역]-[팔레트 위치 다시 설정]을 클릭하면 된다([그림 2-2] 참고). 하지만, 포토샵의 버전에 따라 팔레트를 다시 설정하는 용어가 약간씩 다르게 표현될 수 있는데, 오른편에서와 같이 [창]-[작업영역]에서 [필수 재설정]을 선택해도 된다.

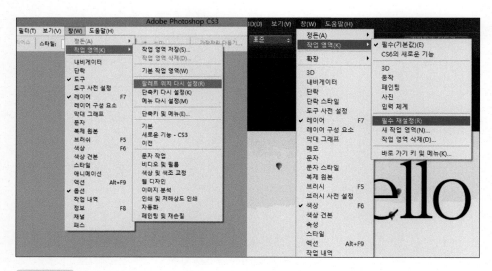

그림 2-2 팔레트의 재설정

한편, 포토샵의 기본화면에 있는 툴박스(도구상자)에 대해서 구체적으로 살펴보면, 〈표 2-1〉과 같다. 또한 〈표 2-1〉의 도구들 중에서 오른쪽 아래에 작은 검정색 삼각형이 있는 도구들은 모두 숨은 도구들이 있는데, 검정색 삼각형을 클릭하거나 마우스의 오른쪽 버튼을 누르면 확인할 수 있다. 포토샵으로 이미지를 잘 만들기 위해서는 도구박스에 있는 다양한 도구(툴)의 사용 방법을 정확하게 이해하고, 숨은 도구들을 효과적으로 활용하는 것이 필요하다.

표 2-1 도구박스에 있는 다양한 도구

도구박스	명칭	설명
	이동 도구(V)	이미지를 원하는 위치로 이동할 수 있다.
	사각형 선택 윤곽 도구(M)	이미지의 특정 영역을 사각형 선택영역으로 만든다.
	다각형 올가미 도구(L)	이미지의 특정 영역을 다각형 선택영역으로 만든다.
	빠른 선택 도구(W)	색상의 범위를 계산하여 자동으로 선택영역을 만든다.
	자르기 도구(C)	이미지의 필요한 부분만 남기고, 나머지 부분을 잘라준다.
	스포이드 도구(I)	색상 값을 추출하여 전경색이나 배경색으로 지정한다.
	패치 도구(J)	이미지의 특정 영역을 다른 부분으로 보정할 수 있다.
	연필 도구(B)	연필로 그리듯이 얇은 선을 그리는 도구이다.
	복제 도장 도구(S)	특정 이미지를 복제하여 원하는 부분에 붙여 넣는다.
	작업 내역 브러시 도구(Y)	브러쉬를 이용하여 원본 이미지를 복구한다.
	지우개 도구(E)	이미지의 일부분을 지운다.
	페인트 통 도구(G)	특정 부분을 같은 색으로 채우기 할 때 사용한다.
	흐림 효과 도구	이미지를 뿌옇게 하여 번지는 듯한 느낌을 준다.
	닷지 도구(O)	이미지를 밝게 해 준다.
	펜 도구(P)	세밀하게 원하는 영역을 지정할 때 사용한다.
	수평 문자 도구(T)	원하는 문자를 입력할 수 있다.
	패스 선택 도구(A)	패스를 이동하거나 변형할 수 있다.
	사각형 도구(U)	다양한 형태의 도형을 만들 수 있다.
	손 도구(H)	손바닥 툴을 이용하여 화면을 이동시킬 수 있다.
	돋보기 도구(Z)	화면의 특정 부분을 확대하거나 축소시킬 수 있다.
	전경색과 전경색 전환(X)	전경색과 배경색을 전환시킬 수 있다.
	전경색 설정/배경색 설정	전경색을 설정할 수 있다./배경색을 설정할 수 있다.
	빠른 마스크 모드로 편집(Q)	선택영역을 좀 더 편리하게 추출해 낼 수 있다.
	화면 모드 변경(F)	작업 창의 공간을 조절할 때 사용한다.

2. 포토샵으로 이미지 만들기

2.1 작업창 만들기

(1) 새로운 이미지를 만들기 위하여 [그림 2−3]과 같이 작업창을
만들어야 한다.

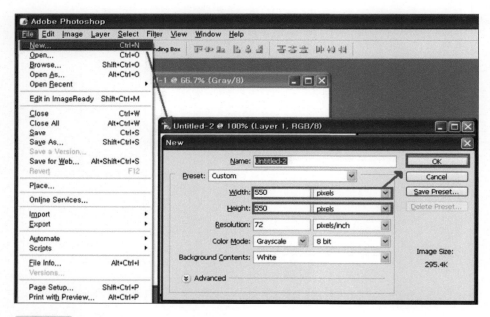

그림 2-3   작업창 만들기

(2) 이를 위해서 먼저 포토샵을 실행하고, 메뉴 중에서 [File]−[New]
를 클릭한다.

(3) 대화상자에서 작업에 필요한 가로, 세로 크기를 입력해야 하는
데, 포토샵으로 만들고 싶은 홍보 이미지의 크기를 결정한 후에 입력
하면 된다. 이때에 주의할 점은 반드시 픽셀(pixels)이라는 단위를 사용
해야 한다는 것이다. 여기에서 포토샵 이미지를 이루는 가장 작은 단

위인 네모 모양의 작은 점들을 픽셀(Pixel)이라고 하는데, 픽셀은 영어로 그림(picture)의 원소(element)라는 뜻을 갖도록 만들어진 합성어이다(네이버 지식사전, terms.naver.com).

2.2 이미지 불러오기

(1) [그림 2-4]와 같이 홍보 이미지를 만드는데 필요한 이미지(혹은 직접 촬영한 사진)를 불러온다. 즉, 포토샵으로 만들게 되는 홍보 이미지는 텍스트 입력 외에도 최소 1장의 이미지(혹은 직접 촬영한 사진)가 필요하기 때문이다.

(2) 메뉴 중 [File]-[Open]을 클릭하여 이미지 파일을 찾아 열기를 클릭하면 되는데, 직접 촬영한 이미지가 아닌 경우에는 저작권을 확인한 후에 사용하는 것이 필요하다. 이미지를 인터넷에서 다운 받아 사용하는 경우에는 저작권의 문제가 발생할 수 있기 때문에 무료로 사용할 수 있는가를 반드시 확인해야 한다.

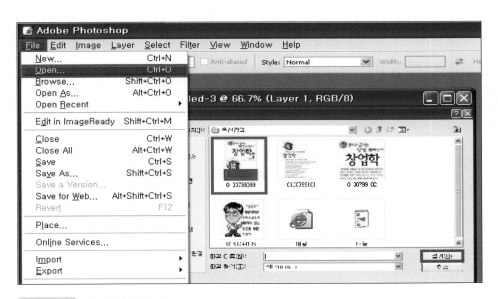

그림 2-4 이미지 불러오기

2.3 작업창에 이미지 붙이기

(1) [그림 2-4]에서 이미지를 불러온 작업창을 선택한 후에 레이어(layer) 창에서 배경 레이어를 선택한 상태에서 [그림 2-3]에서 새로 만든 이미지 창(작업창)으로 레이어를 드래그 앤 드롭(drag-and-drop, 마우스를 이용하여 끌어가서 이동시키는 것)한다([그림 2-5] 참고). 이 때에 [2.2 이미지 불러오기]에서 불러온 이미지의 레이어가 자물쇠 모양으로 잠겨 있는 경우에는 먼저 [이미지]-[모드]에서 [RGB 색상]을 선택(혹은 Ctrl+J 버튼을 입력 혹은 해당 레이어를 더블클릭해도 됨)하여 잠긴 상태를 해제한 후에 (배경)레이어를 드래그 앤 드롭(drag-and-drop)하면 된다.

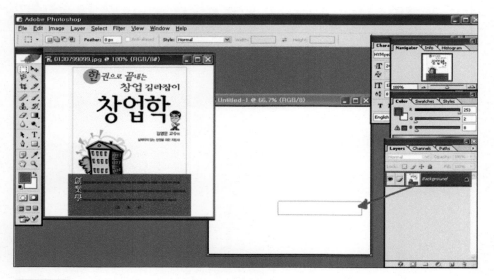

그림 2-5 작업창에 불러온 이미지를 붙이기

(2) 혹은 복사를 원하는 부분을 [선택]-[모두]를 클릭하여 선택한 후에 Ctrl+C 키를 눌러서 복사하기를 하고, 새로 만든 이미지 창(작업창)을 선택한 후에 Ctrl+V 키를 눌러서 붙이기를 해도 된다.

참고 포토샵 레이어(layer)

Photoshop 레이어는 아세테이트지(acetate paper, 투명필름 중 하나)를 여러 장 겹쳐 놓은 것과 같으며, 레이어의 투명 영역을 통해 밑에 있는 레이어까지 볼 수 있다. [그림 2-5]에서 오른쪽에는 1개의 레이어를 볼 수 있는데, 포토샵 작업을 할 때에는 반드시 작업을 하고자 하는 레이어를 먼저 선택하는 것이 필요하다.

참고 이미지를 불러온 후에 오른편에 있는 배경 레이어(layer)에 자물쇠 모양이 나타나있는 것도 확인할 수 있는데, 자물쇠가 보이는 이 상태는 레이어가 잠금 상태인 것을 의미한다(thirdhz7.tistory.com/139). 따라서 자물쇠 없앤 후에 작업하는 것이 필요한데, [이미지]-[모드]-[RGB 색상]을 선택하거나 자물쇠 모양이 있는 레이어를 더블클릭을 한 후에 [승인]을 클릭해도 된다([그림 2-6] 참고).

그림 2-6 레이어 잠금 상태의 해제

2.4 이미지 크기 조절하기

(1) 작업창에 불러온 이미지 크기를 조절하기 위하여 메뉴 중 [Edit]－[Free Transform]을 선택하면 된다([그림 2－7] 참고).

(2) 단축키를 이용하려면 Ctrl＋T(자유변형)를 누르면, 이미지에 8개의 조절점이 있는 사각형이 생긴다.

(3) 8개의 조절점을 이용하여 이미지의 크기를 적당한 크기로 조정한다.

(4) Shift 누른 상태에서 마우스를 사용하여 이미지의 크기를 조정하면, 가로－세로 비율이 일정하게 조정된다. 그렇지 않는 경우에는 이미지의 가로 및 세로 비율이 유지되지 않기 때문에 이미지의 모양이 찌그러지거나 달라질 수 있다.

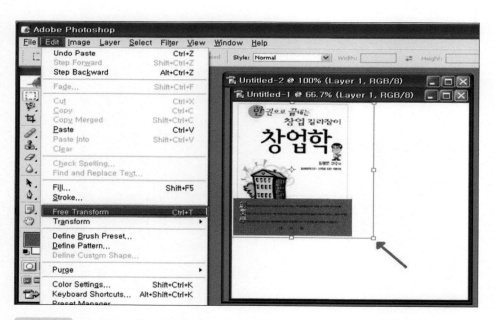

그림 2-7 이미지 크기 조절하기

2.5 이미지의 위치를 이동하기

이미지의 크기 조정이 완료되면, 〈표 2-1〉의 도구박스에 있는 다양한 도구 중에서 이동도구(🔁)를 클릭한 후에 이미지를 선택하여 원하는 곳으로 이동시키면 된다([그림 2-8] 참고).

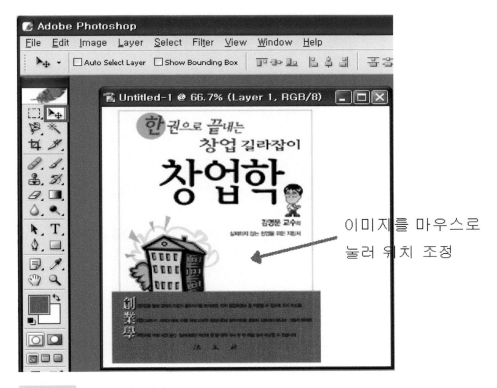

그림 2-8   이미지 이동하기

2.6 이미지 저장하기

포토샵 작업이 완료된 홍보 이미지를 저장하면 되는데, 이미지를 저장할 때에는 3가지 방법이 있다([그림 2-9] 참고).

이미지 저장하기

(1) [File]-[Save]: 원본 파일을 저장할 때에 사용하며, 레이어가 합쳐지지 않고 그대로 보존된 PSD 파일로 저장되기 때문에 나중에 수정하여 사용할 수 있다. 포토샵 이미지 중에서 반드시 보관해야 하는 파일이라고 할 수 있다.

(2) [File]-[Save as]: JPG, GIF 등 다양한 형태로 저장할 때에 사용하는데, 레이어가 배경으로 합쳐지기 때문에 저장한 후에는 레이어별로 수정할 수가 없다. 이미지를 저장한 후에는 인터넷에 등록하여 사용할 수 있다.

(3) [File]-[Save for Web…]: 이미지의 용량이 다른 4가지 형태의

이미지를 보여주는데, 이 중에서 하나를 선택하여 저장할 때에 사용한다. 일부 웹 사이트에서는 이미지의 용량을 제한하는 경우가 있는데, 이러한 웹 사이트에 포토샵 이미지를 등록할 때에 사용하면 된다. 아울러, 포토샵 이미지의 용량은 로딩(loading) 속도에 영향을 미치기 때문에 최대한 낮은 용량의 이미지를 사용하는 것이 필요하다.

참고 PSD 파일은 꼭 보관

포토샵 이미지를 만들 때에 반드시 기억해야 할 것은 바로 PSD 파일로 저장되는 원본 파일은 반드시 보관해야 하는데, 추후 처음 만든 포토샵 이미지를 수정하여 사용해야 하는 경우가 자주 발생할 수 있기 때문이다. 즉, JPG, GIF 등의 형태로 저장한 파일은 수정할 수가 없기 때문에 PSD 파일은 별도로 보관하고 있어야 한다.

참고 네이버 MYBOX(mybox.naver.com)에서는 국내 최대 무료 용량 30GB를 사용할 수 있기 때문에 홍보를 위한 다양한 웹 사이트를 개발하는데 필요한 모든 포토샵 이미지들을 보관하기 위해 활용할 수 있다.

2.7 텍스트 추가하기

포토샵으로 만든 이미지에 텍스트로 설명을 추가하는 것이 상품의 홍보와 판매에도 도움이 될 것이다. 홍보 이미지에 텍스트를 적용하기 위해서는 아래의 방법으로 하면 된다.

(1) [그림 2-10]과 같이 툴바에 있는 텍스트 도구(T)를 클릭한다

(2) 텍스트를 입력할 위치에서 마우스를 한 번만 클릭한다.

(3) 커서가 나타나면 추가하고 싶은 텍스트를 입력하면 되는데, 굳이 사격형의 박스를 만들 필요가 없이 마우스를 클릭한 상태에서 텍스트를 입력하면 된다.

(4) 색상 또는 글꼴, 크기를 변경할 필요가 있으면 글자들을 드래그(drag)하여 블록(block) 상태로 만든 후 색상, 글꼴, 크기 등을 변경하면 된다.

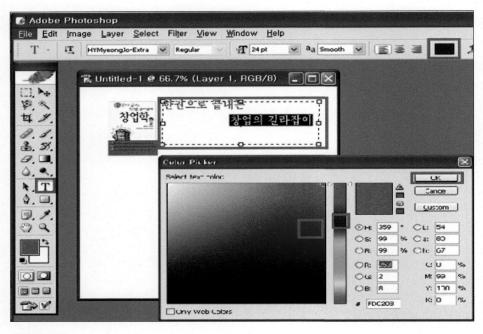

그림 2-10 텍스트 추가하기

참고 포토샵으로 만든 이미지에 텍스트로 설명을 추가할 수도 있지만, 포토샵을
활용하여 텍스트로 설명하고 싶은 내용을 하나의 이미지로 만드는 것도 고
려할 수 있다. 예를 들어, 전자상거래 및 인터넷쇼핑몰을 개발할 때에는 판
매하고자 하는 상품에 대해 설명하는 이미지(설명 이미지)를 한 장으로 만드
는 것이 오히려 더 효과적일 수 있기 때문이다.

2.8 텍스트에 효과주기

홍보 이미지에 추가되는 텍스트에 효과를 주는 것은 글자의 모양을
보기 좋게 꾸미는 과정이라고 할 수 있는데, 레이어 옵션 바의 밑 부
분에 있는 레이어 스타일(fx)을 이용하게 된다.

(1) 작업할 텍스트 레이어(layer)를 선택한 후에 해당 레이어의 빈
여백 부분(추가된 텍스트 옆에 있는 빈 여백 부분)을 더블클릭하면 레이어
스타일(Layer Style) 창이 나타난다([그림 2-11]을 참고).

(2) 새로 나타난 레이어스타일(Layer Style) 창에서 Drop Shadow(그림자 효과)를 선택하여 텍스트에 그림자를 만들고, 그림자 때문에 글자가 보이지 않으면 제일 아래 Stroke(선)를 선택하고 테두리 색상을 설정한다.

(3) Drop Shadow(그림자 효과)와 Stroke(선)만 잘 이용하여도 보다 효과적인 텍스트 이미지를 만들 수 있다.

(4) 레이어스타일(Layer Style) 창에서 여러 옵션들을 활용하여 텍스트에 다양한 효과를 줄 수 있다.

그림 2-11 텍스트에 효과주기

참고 레이어스타일(Layer Style) 창에서의 여러 옵션
[그림 2-11]에서 확인할 수 있는 레이어스타일(Layer Style) 창에서 여러 옵션들은 그림자 효과(Drop Shadow), 내부 그림자(Inner Shadow), 외부 광선(Outer Glow), 내부 광선(Inner Glow, 경사와 엠보스(Bevel and Emboss), 새틴(Satin), 색상 오버레이(Color Overlay), 그라디언트 오버레이(Gradient Overlay), 패턴 오버레이(Pattern Overlay), 선(Stroke)이 있다([그림 2-12] 참고).

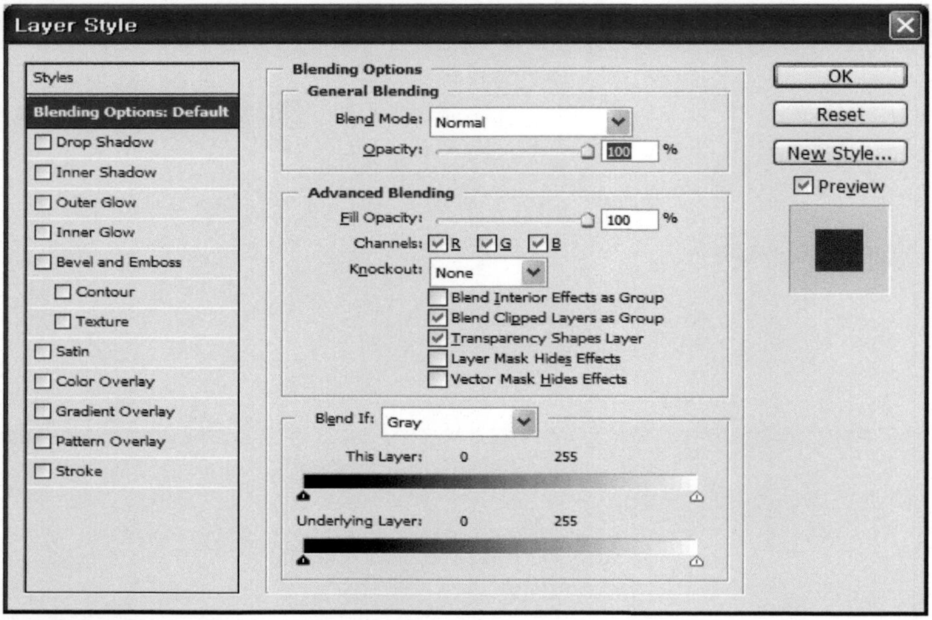

출처: blog.naver.com/hyoyeol

그림 2-12 레이어 스타일의 옵션

2.9 텍스트 적용하기

(1) [그림 2-13]과 같이 이미지에 대한 설명을 추가하기 위하여 툴바의 텍스트 도구( )를 클릭한 후에 입력하고 싶은 내용을 입력한다.

(2) 내용 입력을 완료하고, 수정할 필요가 있으면 수정할 텍스트 레이어를 선택한다.

(3) 툴 바에서 텍스트 아이콘을 선택한 후에 이미지 위에 입력되어 있는 텍스트를 클릭하여 수정한다.

(4) 수정할 내용의 텍스트를 블록(block)으로 설정한 후에 상단에 있는 옵션 바의 끝 쪽에 있는 문자 및 단락 팔레트( )를 이용하여 글자크기, 줄 간격 등을 보기가 좋게 수정하면 된다.

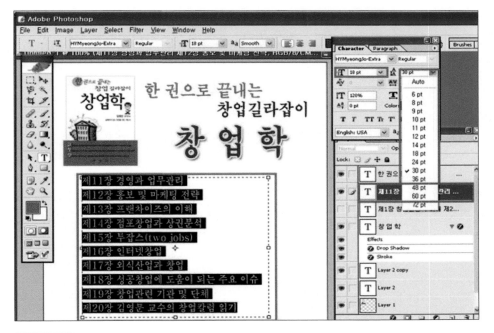

그림 2-13 텍스트 적용하기

2.10 이미지 조정하기

이미지 조정은 디지털카메라로 촬영한 상품사진의 색상을 조정하는 것인데, [그림 2-14]에서와 같이 [이미지]-[조정]의 하위 메뉴에서 다양한 명령을 선택하여 할 수 있다. 특히 곡선(V), 색상 균형(B)만 제대로 활용해도 밝으면서도 깔끔한 이미지를 만들 수 있다.

그림 2-14 이미지 조정하기

　　위에서 포토샵을 활용하여 홍보 이미지를 만드는 방법을 10단계로
설명하였는데, 3-5개의 이미지를 직접 만들어 보는 것이 필요하다.
또한 포토샵 이미지를 저장할 때에는 절대로 한글 파일명을 사용하지
말고 반드시 영어 파일명을 사용하는 것이 필요한데, 한글 파일명으로
저장한 후에 이미지 호스팅(image hosting) 사이트에 등록한 경우에는
이미지가 정상적으로 보이지 않는 경우가 가끔 발생할 수 있기 때문
이다.

참고 **포토샵 이미지에 테두리 넣기**

인터넷에 등록하는 포토샵 이미지가 깔끔하게 보이게 하려면, 테두리를 넣는 것이 필요한데 그 절차는 아래와 같다.

① 위에서 설명한 [이미지 조정하기]를 한 후에 [선택]-[모두]를 선택한다.

② [편집]-[선(획)]에서 테두리의 폭을 입력하고 색상을 선택한 후에 [승인]을 클릭하면 된다. 이 때에 위치는 [가운데]를 선택하면 된다.

참고 **포토샵 단축키 모음**

포토샵 초보자가 알면 더 좋은 포토샵 단축키 모음은 아래와 같으며(www. sindohblog.com/1138), 사이트에서 구체적으로 확인할 수 있다.

① 외워두면 정말 유용한 단축키 BEST 5

② 포토샵 메뉴별 단축키 알아보기

ⓐ 파일(File) 메뉴 단축키

ⓑ 편집(Edit) 메뉴 단축키

ⓒ 레이어(Layer) 메뉴 단축키

ⓓ 이미지(Image) 메뉴 단축키

ⓔ 선택(Select) 메뉴 단축키

ⓕ 보기(View) 메뉴 단축키

ⓖ 브러시 도구메뉴 단축키

3. 포토샵 이미지를 서버에 등록하기

포토샵으로 만들어진 이미지들은 전자상거래 사이트에 바로 등록하여 활용할 수도 있지만, 일반적으로는 이미지 호스팅(image hosting)의 기능을 제공하는 서버(server, 컴퓨터 네트워크에서 다른 컴퓨터에 서비스를 제공하기 위한 컴퓨터)에 등록한 후에 HTML 명령어(예를 들어, <img src="이미지 주소"> 명령어)로 불러와서 사용하게 된다.

(1) 이미지를 등록 및 활용하는 방법

뉴비즈니스연구소(cafe.daum.net/isoho2jobs)에 보면, 카페 메인에 여러 개의 이미지를 보여주고 있다. 이를 위해서는 먼저 포토샵을 활용하여 이미지들을 만들어야 하며, 만든 이미지들을 이미지 호스팅(image hosting) 사이트에 등록한 후에 <img src="이미지 주소"> 명령어를 활용하여 이미지를 불러와서 보여주게 된다. 이에 대해 조금 더 구체적으로 설명하면 아래와 같다.

① 포토샵(photoshop)으로 홍보할 이미지를 만든다.

② 포토샵으로 만든 이미지를 이미지 호스팅 사이트에 등록해야 하는데, 이미지 호스팅 사이트는 매월 1-3만원을 지불하고 사용하는 유료 사이트들이 많다. 다음(Daum) 혹은 네이버(Naver) 등과 같은 포털사이트에서 이미지 혹은 호스팅 사이트를 검색하면 쉽게 찾을 수 있는데, 아래의 사이트들은 이미지 호스팅 사이트와 같은 목적으로 사용할 수 있다. 한편, 후이즈(www.whois.co.kr)의 경우에는 하루 50MB 용량을 무료로 제공하고 있으며(전자신문, 2005.5.23.), 구글 포토(photos.google.com)에서는 Upload에서 포토샵으로 만든 이미지들을 등록하여 이미지 호스팅 사이트와 같이 활용할 수 있다.

ⓐ postimage(postimage.org)

ⓑ 구글 포토(photos.google.com)

ⓒ 스쿨호스팅(www.phps.kr)

ⓓ 코리아호스팅(www.koreahosting.co.kr)

ⓔ 드롭박스(www.dropbox.com)

ⓕ 미리내닷컴(www.mireene.com)

ⓖ 허브웹(www.hubweb.net)

ⓗ storemypic(www.storemypic.com)

ⓘ Zpat(www.zpat.info)

ⓙ 닷홈(www.dothome.co.kr)

ⓚ Imgur(imgur.com)

③ 이미지 호스팅 사이트에 포토샵 이미지를 등록한 후에 이미지의 파일경로(주소)를 복사하여 사용하면 된다. 예를 들어, postimage (postimage.org)에 포토샵 이미지를 등록한 후에 [링크] 혹은 [직접 링크]에 있는 파일경로(주소)를 복사한 후에 <img src="이미지의 파일경로(주소)"> 명령어를 활용하여 필요한 곳에서 사용하면 된다.

> **참고** 〈img src="이미지 주소" width="너비(가로길이)" height="높이"〉
> 이미지 호스팅 사이트에 등록되어 있는 이미지의 크기를 강제로 조정하여 보여줄 때에는 width 및 height를 사용하면 된다. 그렇지 않는 경우에는 그냥 <img src="이미지 주소">만 사용하면 된다. 즉, 이미지 호스팅(image hosting) 사이트에 등록되어 있는 포토샵 이미지를 원본 크기 혹은 조정된 크기의 이미지로 보여줄 수 있는데, width 및 height를 사용할 때에는 가로 및 세로의 비율을 유지하면서 크기를 조정하는 것이 필요하다. 예를 들어서, 가로(width)의 크기를 500 픽셀에서 400 픽셀로 줄이게 되면, 세로(height)의 크기 역시 같은 비율로 줄여야 한다.

> **참고** 무료 이미지 호스팅 사이트(Free Image Hosting Sites)
> 네이버에서 "image hosting site"를 검색하면 다양한 무료 이미지 호스팅 사이트에 대한 정보를 확인할 수 있다.
> ① 10 Free Image Hosting Sites for Your Photos
>   (www.lifewire.com/free-image-hosting-sites-3486329)
> ② 7 Best Free Image Hosting Websites
>   (www.lifewire.com/top-free-image-hosting-websites-1357014)

(2) 이미지 호스팅 사이트의 효과적인 이용

홍보를 위한 다양한 웹 사이트들을 개발하고 운영하는 경우뿐만 아니라 인터넷쇼핑몰, 옥션, G마켓, 카페와 블로그 등을 활용한 인터넷 분야의 창업자들도 반드시 알아야 하는 것이 바로 이미지 호스팅 사이트의 활용방법이라고 할 수 있다. 예를 들어, 옥션의 상세정보(상품정보)에서 나타나는 이미지들은 옥션에 직접 등록되는 것이 아니라 이미지 호스팅 사이트에 이미지를 등록한 후에 HTML 명령어(<img src="이미지 주소">)를 이용하여 불러와서 옥션의 상세정보(상품정보) 페이지에서 그냥 보여주는 것이다.

　이미지 호스팅 사이트에는 무료 혹은 유료로 사용할 수 있는 사이트들이 매우 많은데, 유료 사이트의 경우에는 월1－3만원의 비용만 부담하면 된다. 포털 사이트에서 이미지 호스팅, 상품 이미지, 호스팅 등의 키워드로 검색하면 다양한 이미지 호스팅 사이트들을 쉽게 찾을 수 있다.

참고 창업자들의 경우에는 위에서 언급한 이미지 호스팅 사이트에 등록된 이미지들을 외장형 하드 혹은 다음(Daum)과 네이버(Naver) 카페(cafe)의 게시판 등을 활용하여 별도로 저장해 두는 것도 잊지 말아야 한다. 아울러, 포토샵으로 이미지를 만든 후에는 원본 파일(*.psd)을 반드시 보관하고 있어야 필요할 때에 수정하여 사용할 수 있다는 것도 생각해야 한다.

4. 포토샵 이미지를 효과적으로 만드는 방법

　포토샵을 활용하여 홍보 혹은 광고에 필요한 이미지를 효과적으로 만드는 방법은 다양한데, 특히 아래의 포토샵 메뉴들을 잘 사용하는 것이 중요하다.

　① 포토샵 도구상자(tool box)에 있는 각 도구들을 효과적으로 활용한다.

　② 레이어(layer)의 개념에 대해 잘 이해해야 하며, 반드시 작업하고자 하는 레이어를 먼저 선택한 후에 포토샵 이미지를 수정해야 한다.

　③ [이미지]－[조정] 메뉴를 효과적으로 사용해야 한다.

④ 레이어 스타일(Layer Style)을 잘 활용해야 한다.

⑤ [문자 및 단락 팔레트]를 효과적으로 사용하는 것이 필요하다.

⑥ 햇빛아래에서 사진을 촬영하면, 포토샵 작업은 쉽고 간단하게 끝날 수 있다.

⑦ 본인의 사이트에 필요한 다양한 포토샵 이미지들을 자주 만들어 보는 것이 필요한데, 매일 한 두 개의 포토샵 이미지를 만들어 보는 습관을 가지는 것이 중요하다.

포토샵 이미지를 잘 만드는 방법에 대해서 위에서 설명을 하였지만, 그 중에서 가장 중요한 것은 사진 촬영을 잘 해야 한다. 이를 위해서는 햇빛 아래에서 촬영하는 것이 가장 좋으며, 형광등 아래에서 촬영을 하는 것은 바람직하지 않다. 최대한 선명하게 촬영하는 것이 포토샵 작업을 최소화하는데 분명 도움이 될 수 있다.

YouTube 채널 : 맛따라 · 길따라 · 창업

유튜브(YouTube)에 등록되어 있는 [제1절 포토샵의 이해와 활용]와 관련된 동영상 강좌는 다음과 같은데, YouTube 채널(맛따라 · 길따라 · 창업)에서 [포토샵]을 검색한 후에 찾아서 들으면서 포토샵을 사용하면서 직접 실습을 하면 된다.

① 포토샵 이미지 만들기
② 포토샵 이미지 만들기(2)
③ 포토샵 이미지 편집(이미지 조정)
④ 이미지 일부분만 흑백 사진으로 만들기
⑤ 복제도장도구로 이미지 복제하기
⑥ 포토샵 기본 및 포토샵 도구 익히기

제 2 절   HTML의 이해와 활용

인터넷을 활용한 전자상거래 창업자가 반드시 알아야 하는 것 중의 하나는 바로 HTML인데, HTML은 Hyper Text Markup Language의 약어로서 홈페이지, 인터넷쇼핑몰 등에서 웹 문서를 만들기 위하여 사용하는 기본적인 프로그래밍 언어의 한 종류이다(김석주, 1997.2.20).

예비창업자들이 알아야 하는 필수 HTML 명령어들은 아래와 같은데, 아래의 HTML 명령어들을 자유롭게 활용할 수 있으면 충분하다. 다만, HTML 명령어를 공부할 때에 사전에 알아야 하는 사항들은 아래와 같다.

① HTML 명령어는 대문자 보다는 소문자로 작성하는 것이 좋다.

② 이미지 파일명은 한글 보다는 영어 소문자로 하는 것이 좋다.

③ HTML 명령어를 사용할 때에는 띄어쓰기에 유의해야 한다.

④ HTML 문서를 만들거나 본 교재에 있는 HTML 내용을 실습하기 위해서는 네이버 소프트웨어(software.naver.com)에서 에디트플러스(EditPlus)를 다운 받아서 사용하거나 다음(Daum) 혹은 네이버(Naver)의 카페(cafe) 혹은 블로그(blog)에서 [글쓰기]를 한 후에 HTML 명령어를 입력할 수 있도록 HTML을 체크(☒)한 후에 HTML 명령어를 입력하고, [미리보기]를 클릭하여 실행결과를 확인하면 된다.

⑤ 또한 HWP로 작성한 문서를 HTML 문서로 변환시킬 수가 있는데, [파일]-[다른 이름으로 저장하기]에서 파일형식을 인터넷문서(*.htm, *.html)로 선택한 후에 저장하면 된다.

1. 이미지 불러오기

<img src="http://www.mis.or.kr/images/new_main_13.gif">

위의 HTML 명령어는 웹사이트(www.mis.or.kr) 내의 폴더(images)안에 저장되어 있는 이미지 파일(new_main_13.gif)을 불러와서 웹브라우저(Internet Explorer) 화면에서 보여 달라는 의미로 해석할 수 있다. 옥션, G마켓 등의 오픈마켓(open market)에서의 상품 등록 과정에서 상세정보를 꾸밀 때에 사용하는 명령어이다.

예를 들어, tinypic(tinypic.com) 등과 같은 이미지 호스팅 사이트(image hosting site)에 상품이미지를 등록한 후에 위의 명령어를 사용하여 옥션, G마켓 등의 상품정보(혹은 상품상세정보) 페이지에서 보여주게 된다. 한편, <img> 태그에서 사용할 수 있는 다양한 속성은 〈표 2-2〉와 같다.

표 2-2 〈img〉 태그의 속성

속성	설명	사용예	
src	이미지 파일의 경로 지정	<img src="123.jpg">	
alt	이미지 설명 문장을 지정	<img src="123.jpg" alt="행복한 그림">	
width	이미지 폭 지정	<img src="123.jpg" width="400">	
height	이미지 높이 지정	<img src="123.jpg" height="400">	
border	이미지 테두리 두께 지정	<img src="123.jpg" border="3">	

2. 텍스트 혹은 이미지를 클릭하여 링크시키기

<a href="http://www.mis.or.kr" target=win1>
<FONT COLOR=RED SIZE=3><B>사랑나눔회</B></FONT>
</a>

홈페이지, 카페(cafe) 혹은 블로그(blog)에서 텍스트(사랑나눔회)를 클릭하면 웹사이트(www.mis.or.kr)로 링크시키는 명령어이다. 그런데 target＝win1은 새로운 웹브라우저(Internet Explorer)를 불러와서 웹사이트(www.mis.or.kr)로 링크시키라는 의미이다. 실습할 때에 target＝win1을 삭제한 후에 실습해 보면 그 차이를 쉽게 알 수 있다.

＜FONT COLOR＝RED SIZE＝3＞＜B＞사랑나눔회＜/B＞＜/FONT＞ 명령어를 해석해 보면, 사랑나눔회라는 글자를 붉은색(COLOR＝RED)으로, 크기는 3으로 그리고 진하게(B) 표시하라는 의미이다. 아울러, RED 대신에 다른 컬러를 상징하는 단어, 3 대신에 다른 숫자, B를 삭제 한 후에 사용해 보면 그 차이를 알 수 있다. 참고로 숫자 3은 HWP로 10 폰트 크기에 해당된다. 한편, 〈font〉 태그에서 사용할 수 있는 다양한 속성은 〈표 2-3〉과 같다.

표 2-3 〈font〉 태그의 속성

속성	설명	사용예
color	글자색상 지정	＜font color＝"red"＞
size	글자크기 지정	＜font size＝"3"＞
face	글꼴 지정	＜font face＝"궁서체"＞

＜a href＝"http://www.mis.or.kr" target＝win1＞
＜img src＝"http://www.mis.or.kr/images/new_main_13.gif"＞
＜/a＞

또한, 위와 같이 사랑나눔회라는 글자 대신에 이미지(new_main_13.gif)를 불러오는 명령어를 사용할 수 있는데, 이미지(new_main_13.gif)를 클릭하면 웹사이트(www.mis.or.kr)로 링크시키는 HTML 명령어이다. 즉, 특정 웹사이트로 링크를 시키기 위해서는 텍스트(사랑나눔회)를 클릭할 수도 있고, 이미지(new_main_13.gif)를 클릭할 수도 있다는 것을 의미한다.

3. 테이블 만들기

테이블(table)을 만들기 위해서는 <table>, <tr>, <td> 태그의 사용방법에 대해 알고 있어야 하는데, [그림 2-15]의 예를 통해 테이블을 만드는 방법에 대해 설명할 것이다.

```
<table border=1>
<tr>
<td>
<img src="http://www.mis.or.kr/images/booknewbiz.gif" width=270>
</td>
<td>
<img src="http://www.mis.or.kr/images/new_main_13.gif">
</td>
</tr>
</table>
```

그림 2-15 table 명령어로 만든 테이블의 모양

위의 명령어를 살펴보면, 먼저 <tr>…</tr> 명령어로 만든 한 줄로 된 테이블(table)에 <td>…</td> 명령어를 이용하여 2칸을 만든 후에 <img src="이미지 주소"> 명령어를 사용하여 이미지 (booknewbiz.gif, new_main_13.gif)를 불러와서 각 칸에서 보여주는 명령어이다. 즉, [그림 2-12]에서와 같이 이미지 호스팅 사이트에 등록되

어 있는 포토샵 이미지를 불러와서 각 칸에서 보여주게 된다. 또한 border＝1은 테이블의 테두리를 1 픽셀(pixel)로 나타내라는 것이며, width＝270은 이미지의 가로 폭을 270 픽셀로 하라는 의미이다. 만약에 이미지의 높이를 조절하려면 height＝270과 같이 사용하면 되며, border＝0으로 설정하면 테이블의 테두리가 보이지 않게 된다. 사실, 대부분의 웹사이트들은 테이블(table)을 사용하여 만들고 있지만, border＝0으로 설정하여 테두리가 보이지 않게 하고 있다.

또한 테이블(table)을 만들 때의 기본적인 절차는 아래와 같은데, 특히 ＜tr＞…＜/tr＞ 및 ＜td＞…＜/td＞의 사용 위치에 대해 신중하게 생각하는 것이 필요하다.

① 먼저 ＜tr＞…＜/tr＞를 활용하여 줄을 만든다. 만약에 테이블(table)이 2줄로 구성되어 있으면 ＜tr＞…＜/tr＞를 2번 활용하면 된다.

② ＜td＞…＜/td＞를 활용하여 ＜tr＞…＜/tr＞로 만든 테이블의 줄 내에 있는 칸을 만들 때에 사용한다. 예를 들어, 한 줄에 두 칸을 만들 때에는 ＜td＞…＜/td＞를 두 번 사용하면 된다.

한편, 두 줄 및 두 칸의 테이블(2 × 2)을 만들려고 하면, 위의 table 명령어에서 ＜tr＞에서 ＜/tr＞까지를 그대로 복사하여 한 번 더 사용하면 된다. 즉, [그림 2－16]과 같은 테이블을 만들기 위한 HTML 명령어는 다음과 같다.

```
＜table border＝1＞
＜tr＞
＜td＞
＜img src＝"http://www.mis.or.kr/images/booknewbiz.gif" width＝270＞
＜/td＞
＜td＞
＜img src＝"http://www.mis.or.kr/images/new_main_13.gif"＞
＜/td＞
```

```
</tr>
<tr>
<td>
<img src="http://www.mis.or.kr/images/booknewbiz.gif" width=270>
</td>
<td>
<img src="http://www.mis.or.kr/images/new_main_13.gif">
</td>
</tr>
</table>
```

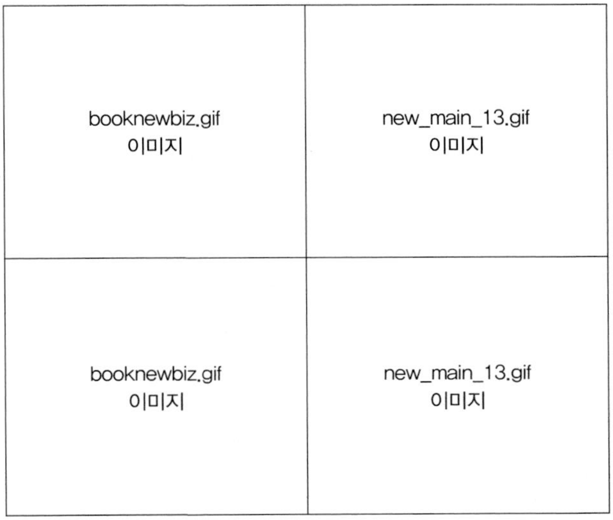

booknewbiz.gif 이미지	new_main_13.gif 이미지
booknewbiz.gif 이미지	new_main_13.gif 이미지

그림 2-16 두 줄 및 두 칸의 table

4. 게시판의 글 제목을 클릭하여 게시판의 글로 링크 시키는 방법

카페(cafe)의 특정 게시판에 교류모임 혹은 행사에 대한 홍보 글을 등록한 후에 그 글의 제목을 메인페이지에 등록하고, 네티즌들이 글의 제목을 클릭하면 게시판에 등록되어 있는 글의 내용을 볼 수 있도록 하는 것은 아래의 HTML 명령어로 만들 수 있다.

① 텍스트를 클릭했을 때에 특정 사이트로 링크하기를 활용하면 된다. 아래에서 '사랑나눔회' 대신에 교류모임 혹은 행사제목 및 일정을 입력하면 된다.

<a href="http://www.mis.or.kr" target=win1>
<FONT COLOR=RED SIZE=3><B>사랑나눔회</B></FONT></a>

<a href="http://www.mis.or.kr" target=win1>
<FONT COLOR=BLUE SIZE=3><B>창업교육</B></FONT>
<FONT COLOR=RED SIZE=3><B>12월 31일(토)</B></FONT>
</a>

② a href="http://www.mis.or.kr"에서 따옴표 내에 게시판에 등록되어 있는 글의 제목 위에 마우스를 올려놓고 오른쪽 마우스를 클릭한 후에 [속성]을 선택하여 주소(URL)를 복사하여 입력하면 된다([그림 2-17] 참고). 즉, 게시판에 등록되어 있는 글의 주소(URL)로 링크시키라는 것인데, 결국 그 글의 내용을 볼 수 있도록 한다.

③ target=win1은 새로운 창(웹브라우저)을 열어서 링크를 시킬 때에 사용한다.

④ 위에서 만든 HTML 명령어들을 활용하여 테이블(table)로 만들어도 되는데, 여러 건을 동시에 홍보하고 싶을 때에 유용하게 활용할 수 있다.

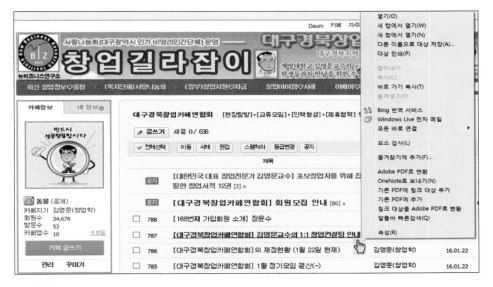

그림 2-17   게시판에 등록된 글의 주소(URL)를 확인하기

5. COLSPAN 및 ROWSPAN 명령어의 활용

테이블(TABLE)에서 특정 가로 줄 혹은 세로 줄의 일부를 합치는 경
우에는 COLSPAN 및 ROWSPAN 명령어를 사용하면 된다.

① COLSPAN: colspan은 가로 줄을 묶는 기능이다. 예를 들어,
colspan='2'는 셀 두 개를 하나로 합치게 된다.

② ROWSPAN: colspan이 가로 줄을 합친다면, rowspan은 세로를
합치는 기능이다. 예를 들어, rowspan='2'는 위 아래의 줄을 하
나로 합치게 되며, 세 줄을 하나로 합치게 되면 rowspan='3'으
로 하면 된다.

```
<TABLE border=1>
<TR>
<TD width=100 height=100 COLSPAN=2> 1 </TD>
```

```
</TR>
<TR>
<TD width=100 height=100> 3 </TD>
<TD width=100 height=100 ROWSPAN=2> 4 </TD>
</TR>
<TR>
<TD width=100 height=100> 5 </TD>
</TR>
</TABLE>
```

6. 기타 유용한 HTML 명령어

전자상거래 사이트 혹은 인터넷쇼핑몰을 개발하기 위해 유용하게 사용될 수 있는 HTML 명령어는 다음과 같은데, 네이버 및 구글 등의 포털사이트에서 다양한 HTML 명령어를 검색하여 활용할 수 있다 (HTML 명령어, blog.naver.com/dml21wjd).

① <br>:
은 "line break"를 의미하며, 문단과 문단 사이에 빈 줄을 넣지 않고 줄만 바꾼다.
을 사용할 때에는 </BR>를 사용하지 않는다.

② <p>: <P> 태그는 단락이 시작하는 곳이나 단락이 끝나는 곳에 넣어서 단락을 구분하는 역할을 한다. <P> 태그를 단락이 시작하는 곳에 넣은 경우에는 단락의 앞에 빈 줄이 생기게 되고, 단락이 끝나는 곳에 넣는 경우에는 단락의 끝 부분에 빈 줄이 생기게 된다. </P>를 사용하지 않아도 상관없으며,
 태그를 두 번 사용하면 한 번의 <P> 태그와 동일한 효과가 발생한다.

③ <CENTER>: <CENTER> 태그는 문단을 가운데로 정렬시키는데, <CENTER> 이후에 나오는 모든 문단들은 </CENTER>를 만날 때 모두 가운데로 정렬된다.

> **참고** 뉴비즈니스연구소(http://cafe.daum.net/isoho2jobs)의 [창업강의실＋실습교육]
> 게시판에 있는 HTML 명령어들을 이용하여 <u>스스로</u> 공부하면 되며, 특히 81
> −82번의 ＜FIELDSET＞을 활용한 사례를 활용하면 온라인 홍보 및 광고를
> 진행하는데 많은 도움이 될 것이다.

YouTube 채널 : 맛따라 · 길따라 · 창업

유튜브(YouTube)에 등록되어 있는 [제2절 HTML의 이해와 활용]과 관련된 동
영상 강좌는 다음과 같다.

① HTML 문서편집기(EDITPLUS)
② HTML 기초(태그, 문서의 구조)
③ HTML 입문 및 활용
④ HTML 명령어로 TABLE 만들기

YouTube 채널 : 맛따라 · 길따라 · 창업

유튜브(YouTube)에 등록되어 있는 [제2절 HTML의 이해와 활용]과 관련된 동
영상 강좌 중에서 전자상거래 사이트 혹은 인터넷쇼핑몰을 개발하고 운영하기
위해서는 포토샵, 이미지호스팅 사이트 및 HTML을 종합적으로 활용할 수 있
는 실무지식을 갖추는 것이 필요한데, 아래의 강좌가 도움이 될 수 있다.

① 포토샵 이미지를 이미지호스팅 사이트에 등록 및 활용하기
② HTML, 포토샵 및 이미지호스팅 사이트의 종합 활용

CHAPTER

3

인터넷쇼핑몰을 활용한 전자상거래 창업하기

3 인터넷쇼핑몰을 활용한 전자상거래 창업하기

일반적으로 인터넷쇼핑몰은 메이크샵(www.makeshop.co.kr), 카페24(www. cafe24.com), 가비아(www.gabia.com), 후이즈(mall.whois.co.kr), 고도몰(www.godo.co.kr) 등에서 제공하는 솔루션을 활용하여 개발 및 운영할 수 있는데, 먼저 어떤 것을 선택할 것인가를 결정해야 한다. 이것에 대해서는 다양한 인터넷 검색을 통해서도 도움이 될 수 있는 정보들을 찾아 볼 수 있는데, 많은 인터넷쇼핑몰 창업자들이 사용하고 있는 카페24, 고도몰, 메이크샵 및 가비아의 비교 자료를 활용하여 선택할 수도 있다(레드의 달콤한 비밀, 2020.5.15.).

본 저서에서는 메이크샵(www.makeshop.co.kr)를 활용하여 전자상거래 창업을 하기 위한 인터넷쇼핑몰(internet shopping mall)을 만들고 운영하는 방법에 대해서 순서대로 설명할 것이며, 이를 위해서는 먼저 메이크샵에 회원가입을 해야 한다. 또한 본 저서에서 사용된 포토샵 이미지들은 뉴비즈니스연구소 카페(cafe.daum.net/isoho2jobs)의 [창업강의실＋실습교육] 게시판의 "[하루 만에 인터넷쇼핑몰 창업하기] 포토샵 이미지"에 등록되어 있다.

1. 디자인 편집하기

메이크샵의 D4 버전을 활용하여 인터넷쇼핑몰을 만들기 위해서는 아래의 순서에 따라 진행을 하면 된다.

① 메이크샵의 관리자 페이지에서 [개별디자인]-[디자인 스킨 관리]-[디자인 스킨 선택]에서 인터넷쇼핑몰에 노출할 디자인 템플릿을 선택한 후에 [추가하기]를 클릭한다.

② [디자인 스킨 관리]에서 인터넷쇼핑몰에 적용할 스킨에 대해 [쇼핑몰 적용하기] 클릭한다([그림 3-1] 참고). [그림 3-1]에서 보듯이 [쇼핑몰 적용하기]를 클릭하면 [내 쇼핑몰 스킨]으로 설정이 되며, [내 쇼핑몰 스킨]을 편집하는 경우에는 쇼핑몰에 실시간으로 반영이 된다.

그림 3-1   쇼핑몰 적용하기

③ [내 쇼핑몰 스킨]-[디자인 편집하기]를 클릭하여 인터넷쇼핑몰의 디자인에 필요한 여러 가지의 사항들을 편집하면 된다. 예를 들어, 로고(logo), 메인 이미지, 배너 등을 설정할 수 있다.

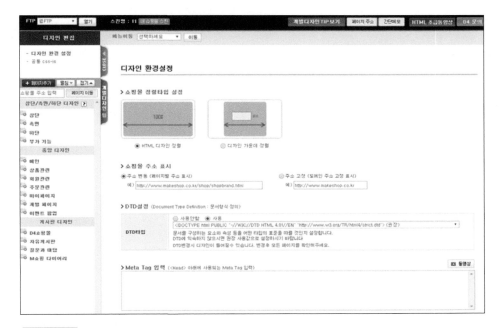

그림 3-2 디자인 편집하기 화면

[그림 3-2]에서의 [디자인 편집하기] 화면에서 편집하고자 하는 메뉴를 선택한 후에 [디자인 편집]에서 HTML 명령어를 수정하면 되는데, [디자인 편집]에서는 현재 적용 중인 각 화면의 HTML 소스를 확인할 수 있다. 또한 HTML 소스를 수정할 때에는 포토샵 이미지를 만들어서 이미지 호스팅 사이트(image hosting site)에 등록한 후에 HTML 명령어를 수정해야 하는 경우도 자주 발생하게 된다.

한편, 메이크샵의 관리자 페이지에서 [개별디자인]-[디자인 스킨 관리]-[내 쇼핑몰 스킨]-[디자인 편집하기]를 클릭하면 아래와 3가지 디자인 영역으로 세분되며, 인터넷쇼핑몰의 목적 혹은 성격에 따라 필요한 메뉴를 선택하여 수정하면 된다.

① 상단/측면/하단 디자인

ⓐ 상단

ⓑ 측면

     ⓒ 하단

     ⓓ 부가 기능

   ② 중앙 디자인

     ⓐ 메인

     ⓑ 상품관련

     ⓒ 회원관련

     ⓓ 주문관련

     ⓔ 마이페이지

     ⓕ 개별 페이지

     ⓖ 이벤트 팝업

   ③ 게시판 디자인

     ⓐ D4쇼핑몰

     ⓑ 자유게시판

     ⓒ 질문과 대답

     ⓓ M쇼핑 다이어리

참고 [그림 3-2]의 디자인 편집하기 화면에 있는 [쇼핑몰 주소 표시]를 주소 변동(페이지별 주소 표시)으로 설정하면, [제8장 상품판매 사이트를 활용한 전자상거래 창업하기]를 할 때에 매우 유용하게 활용할 수 있다. 예를 들어, 고객이 특정 상품을 구매할 때에 특정 상품의 구매페이지로 바로 접속하는 것이 가능하게 되기 때문이다.

참고 [디자인 편집]에서 HTML 명령어를 수정할 때에 실수를 하였거나 처음의 상태로 되돌아가고 싶을 때에는 [디자인 편집] 화면의 오른쪽 아래에 있는 [기본 소스 적용]을 클릭하면 되며, 처음 설정되었던 디자인 편집 상태(최초의 디자인 소스)로 되돌아가게 된다.

2. 웹FTP

[개별디자인]을 클릭한 후에 왼쪽 상단에 있는 FTP(웹FTP)에서 [열기]를 클릭하면 100MB의 용량이 <무료>로 제공되는 기본적인 FTP (file transfer protocol, 인터넷쇼핑몰의 디자인에 필요한 포토샵 이미지들을 업로드하여 이미지의 경로를 생성해 주는 호스팅 서비스)가 있는데([그림 3-3] 참고), 인터넷쇼핑몰의 디자인에 필수적인 로고, 메인소개 이미지, 배너, 버튼 등의 파일 업로드(upload)시에 유용하게 사용할 수 있다. 다만, 포토샵 이미지들을 FTP(웹FTP)에 업로드할 때에는 반드시 영어 소문자로 등록해야 하며 절대로 한글 파일명은 사용하지 말아야 하는데, 한글 파일명을 사용할 경우에는 이미지가 깨어지거나 제대로 보이지 않는 경우가 가끔 발생하기 때문이다.

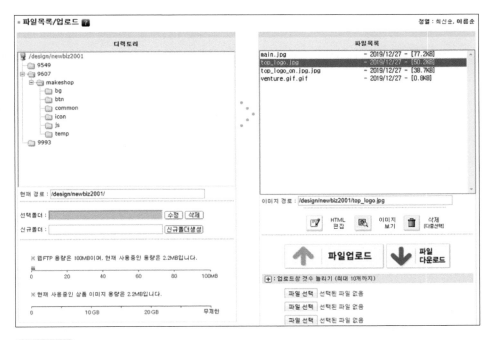

그림 3-3 메이크샵에서 무료로 제공하는 웹FTP

예를 들어, 인터넷쇼핑몰의 로고 이미지(top_logo.jpg)를 웹FTP에 등록한 후에 클릭하면 [그림 3-3]에서와 같이 [이미지 경로]를 생성해 주는데, 이것을 활용하여 아래에서 설명하는 인터넷쇼핑몰의 로고(logo)를 등록할 수 있다.

하지만, 웹FTP는 100MB의 용량이 <무료>로 제공하기 때문에 이미지 호스팅 사이트로 활용될 수 있는 Postimage(postimages.org) 등과 같은 다양한 웹사이트를 추가적으로 활용하거나 메이크샵의 쇼핑몰 전용 이미지 호스팅 서비스인 신이미지뱅크를 추가 구매([상품관리]-[신이미지뱅크]-[신이미지뱅크 신청])하여 사용할 수도 있다. 따라서, 메이크샵으로 인터넷쇼핑몰을 개발할 때에 사용할 수 있는 이미지 호스팅 서비스는 아래 3가지 중에서 선택하여 활용할 수 있다.

① <무료>로 제공되는 웹FTP
② 메이크샵에서 구매하여 사용할 수 있는 신이미지뱅크
③ 이미지 호스팅 사이트로 활용될 수 있는 다양한 웹사이트

3. 로고(logo)의 등록

인터넷쇼핑몰의 로고(logo)는 [개별디자인]-[디자인 스킨 관리]-[디자인 편집하기]-[상단/측면/하단 디자인]에서 [상단]-[기본상단]의 [디자인 편집]에서 등록하면 되는데, 이미지 호스팅 사이트에 등록되어 있는 로고(logo) 이미지의 링크 주소(이미지 경로)를 아래와 같이 입력하면 된다.

<img src="https://i.postimg.cc/RFYW1Kcz/top-logo.jpg" alt="로고" title="로고" />
혹은
<img src="/design/newbiz2001/top_logo.jpg" alt="로고" title="로고" />

4. 메인 이미지

메인 이미지는 쇼핑몰 메인 중앙에 노출되는 인터넷쇼핑몰에 대한 일종의 소개 이미지(이미지로 제작된 타이틀 혹은 메인 소개 글)인데, 인터넷쇼핑몰의 메인 이미지는 [디자인 편집하기]-[중앙 디자인] 중에서 [메인]-[메인]의 [디자인 편집]에서 등록하면 되는데, 이미지 호스팅 사이트에 등록되어 있는 메인 이미지의 링크 주소를 아래아 같이 입력하면 된다.

```
<div class="symbol">
<img src="https://i.postimg.cc/1XnfvBSK/main.jpg" width=540 height=
200 alt="" title="" />
</div>
```

한편, 포토샵으로 만든 메인 이미지의 크기는 위에서 보듯이 width 및 height를 사용하여 조절할 수 있는데, 작은 이미지를 크게 늘리는 경우에는 포토샵 이미지의 화질이 깨지기 때문에 선명도가 많이 떨어지게 된다는 것을 고려해야 한다.

5. 배너(banner)

인터넷쇼핑몰에서 판매자가 상품을 홍보하거나 판매하고 있는 다른 전자상거래 사이트에 대한 링크를 제공할 수 있는데, 이를 위해서는 [디자인 편집하기]-[상단/측면/하단 디자인]-[측면]-[기본측면]의 [디자인 편집]에서 [E-mail 문의] 아래에 다음과 같은 HTML 명령어를 추가할 수 있다. 물론, 다른 위치에도 얼마든지 배너를 추가할 수 있다.

```
<br><br>
<a href="https://cafe.naver.com/ihavetwojobs" target=win1>
<font size=3 color=blue><b>네이버 카페</b></font>
</a>
```

한편, 배너는 텍스트 혹은 이미지를 활용하여 만들 수 있으며, 이미지를 활용하는 경우에는 포토샵으로 만든 이미지를 웹FTP 혹은 이미지 호스팅 사이트에 등록한 후에 <img src> 명령어로 불러와야 하는데, 아래와 같은 형식으로 HTML 명령어를 만들면 된다.

```
<a href="http://www.mis.or.kr" target=win1>
<img src="http://www.mis.or.kr/images/new_main_13.gif">
</a>
```

참고 배너는 판매자가 인터넷쇼핑몰 외에도 상품을 판매하고 있는 다른 전자상거래 사이트 혹은 SNS를 연동시킬 때에 유용하게 사용할 수 있는데, 이것은 판매 공간의 확대에 따른 매출 향상 및 고객 만족도의 향상에 기여할 수 있다. 다만, 이런 전자상거래 사이트에 대한 부가적인 홍보와 광고를 어떻게 진행할 것인가에 대한 구체적인 계획 및 실행이 필요할 것이다.

6. 게시판 만들기

인터넷쇼핑몰에서는 상품을 구매하는 고객들이 궁금한 사항에 대해 묻고 답하는 게시판, 신상품 등록에 대한 정보를 제공하는 게시판 등 인터넷쇼핑몰의 목적에 따라 2-3개의 게시판이 필요하다. 또한 너무 많은 게시판은 오히려 고객들에게 혼란을 줄 수도 있는데, 인터넷쇼핑몰에서 꼭 필요한 게시판을 만들기의 절차는 다음과 같다.

① 게시판을 만들기 위해서는 [게시판/메일]-[게시판 관리]-[게시판 만들기]에서 게시판을 만든 후에 [등록한 게시판 관리]-[등록한 게시판 목록 및 관리]에서 확인한다. [게시판 만들기]에서는 게시판 타입 선택, 디자인 설정, 게시판 제목, 게시판 관리

자 명칭, 댓글 기능, 게시판 비밀번호 등을 설정한 후에 [신규 게시판 만들기]를 클릭하면 게시판에 만들어진다.

② [개별디자인]-[디자인 스킨 관리]-[디자인 편집하기]를 클릭한 후에 [게시판 디자인]에서 만든 게시판을 확인한 후에 [저장]을 클릭한다.

③ 메이크샵의 관리자 페이지에서 [내 쇼핑몰]-[PC쇼핑몰]을 클릭하여 만든 게시판을 확인할 수 있다.

한편, 더 이상 사용하지 않는 게시판을 삭제하는 절차는 다음과 같다.

① [게시판/메일]-[게시판 관리]-[등록한 게시판 관리]-[등록한 게시판 목록 및 관리]에서 [삭제]-[확인]을 클릭한다.

② [개별디자인]-[디자인 스킨 관리]-[디자인 편집하기]를 클릭한 후에 [게시판 디자인]에서 삭제된 게시판을 확인한 후에 [저장]을 클릭한다.

③ 메이크샵의 관리자 페이지에서 [내 쇼핑몰]-[PC쇼핑몰]을 클릭하여 게시판이 삭제되었는가를 확인하면 되는데, 삭제된 게시판은 [SHOP COMMUNITY]에서 더 이상 보이지 않는다.

7. 쇼핑몰 고객센터 및 은행계좌 설정

인터넷쇼핑몰을 이용하는 고객들을 위해 전화 혹은 채팅상담을 하기 위해서 평일, 주말 및 공휴일에 상담이 가능한 시간 및 연락처를 알려주어야 하며, 계좌로 입금할 고객을 위해서는 은행계좌도 알려주어야 한다. 이것에 대해서는 [쇼핑몰 구축]-[쇼핑몰 운영기능 설정]-[고객센터 및 은행계좌 설정]에서 입력하면 된다.

한편, 입력이 완료된 쇼핑몰 고객센터 및 은행계좌는 쇼핑몰의 왼쪽 메뉴에 노출이 되는데, 메이크샵의 관리자 페이지에서 [내 쇼핑몰]-[PC쇼핑몰]을 클릭하여 확인하면 된다.

8. 이벤트 설정

인터넷쇼핑몰에서 할인행사, 배송비 무료 이벤트, 특별 사은품의 지급 등의 이벤트를 할 때에는 인터넷쇼핑몰에서 움직이는 이벤트 이미지를 설정하는 것이 홍보 및 매출을 향상시키는데 도움이 된다. 이벤트 설정은 아래와 같이 두 단계로 진행해야 한다.

(1) 측면 스크롤 설정

[개별디자인]-[디자인 부가 설정]-[측면 스크롤 설정]에서 [최근 본 상품, 따라다니기 위치 설정] 및 [최근 본 상품, 따라다니기 움직임 설정]을 해야 한다. 먼저, [최근 본 상품, 따라다니기 위치 설정]에서 노출 위치 실정은 아래와 같이 하면 된다.

① 왼쪽위치: 800 픽셀

② 상단위치: 50 픽셀

또한, [최근 본 상품, 따라다니기 움직임 설정]은 아래 3가지 중에서 하나를 선택하면 된다.

① 따라다니는 배너 타입 1(상단위치를 유지하면서 움직임)

② 따라다니는 배너 타입 2(상단에 붙어서 움직임)

③ 위치에 고정된 배너 타입

(2) 스크롤 이미지 주소의 설정

[개별디자인]-[디자인 스킨 관리]-[디자인 편집하기]를 클릭한 후 [상단/측면/하단 디자인]-[부가 기능]-[스크롤]의 [디자인 편집]에서 이벤트 이미지의 주소를 입력해야 인터넷쇼핑몰의 화면에 노출이 된다. 이를 위해서는 포토샵으로 제작한 이벤트 이미지를 웹FTP 혹은 외부의 이미지 호스팅 사이트에 먼저 등록되어 있어야 한다.

<img src="/design/newbiz2001/venturemall.gif" alt="상품 섬네일" title=

"상품 섬네일">

(3) 이벤트 이미지만 노출하고자 하는 경우

위에서 이벤트 설정을 진행하면 이벤트 이미지뿐만 아니라 최근 본 상품도 따라다니게 되는데, 이벤트 이미지만 노출하고자 하는 경우에는 [부가 기능]−[스크롤]을 클릭했을 때에 오른쪽 [디자인 편집] 박스에 있는 모든 HTML 명령어를 삭제한 후에 아래에 있는 스크롤 이미지의 주소만 입력하면 된다([그림 3−4] 참고).

<img src="/design/newbiz2001/venturemall.gif" alt="상품 섬네일" title="상품 섬네일">

하지만, 이벤트 이미지뿐만 아니라 최근 본 상품도 따라다니게 하려면, [그림 3−4]의 오른쪽 아래에 있는 <기본소스 적용>을 클릭하여 처음 설정되었던 디자인 편집 상태(최초의 디자인 소스)로 되돌아간 후에 이벤트 이미지의 주소를 추가로 입력하면 된다.

그림 3−4 스크롤 이미지의 설정

9. 대분류/중분류/소분류 만들기

인터넷쇼핑몰에 상품을 등록하기 위해서는 상품을 등록할 대분류/
중분류/소분류를 만들어야 하는데, 이것에 대해서는 [상품관리]-[판
매상품 기본관리]에서 아래와 같이 순서대로 진행하면 된다.

(1) [그림 3-5]에서와 같이 [상품 분류 등록/수정/삭제]에서 [대분
류 만들기]를 클릭한 후에 "대분류명 입력"창에서 대분류명을 입력한
후에 [추가] 버튼을 클릭하면, "중분류명 입력"창이 나타난다. 중분류
명을 입력한 후에 [추가] 버튼을 클릭하면, "소분류명 입력"창이 나타
난다. 이런 방법으로 상품을 등록할 대분류/중분류/소분류가 모두 만
들었다면, 오른쪽 하단에 있는 [확인] 버튼을 클릭하면 된다.

그림 3-5 상품분류의 등록

(2) 대분류, 중분류, 소분류 중에서 삭제를 원하면, 마우스로 클릭한 후에 오른쪽 하단에 있는 [선택분류 삭제] 버튼을 클릭한 후에 [확인] 버튼을 클릭하면 된다.

(3) HTML 명령어를 사용하여 대분류명을 검정색이 아닌 다른 칼라색으로 표시할 수도 있다. 예를 들어 대분류 "선물용품"을 붉은색으로 표시하려면, 아래의 HTML 명령어를 [분류명]에 입력하면 된다. [예] <font color=red>선물용품</font>

(4) [상품 분류 등록/수정/삭제]에서 대분류, 중분류 혹은 소분류의 위치를 이동시키고자 할 때에는 이동시키고자 하는 분류(대분류, 중분류 혹은 소분류)를 선택한 후에 [선택분류 위치이동] 옆에 있는 화살표를 사용하여 이동시킨 후에 [저장]을 클릭한다([그림 3-5] 참고).

참고 상품을 등록할 대분류/중분류/소분류를 만들 때에는 인터넷쇼핑몰을 방문하는 고객의 입장을 고려할 필요가 있다. 즉, 대분류/중분류/소분류를 너무 많이 그리고 복잡하게 만들게 되면, 그 만큼 고객이 구매할 상품을 찾는데 많은 시간 혹은 노력을 하도록 할 수 있기 때문이다.

10. 상품등록하기

상품을 등록할 대분류/중분류/소분류를 만든 후에는 상품을 등록하게 되는데, 상품을 등록하기 위해서는 사전에 아래의 몇 가지 준비가 필요하다.

① 포토샵으로 제작한 상품이미지
② 상품가격 및 상품에 대한 설명
③ 상품이미지를 등록할 이미지 호스팅 사이트: 메이크샵에서는 매월 55,000원을 납부하는 경우에 상품이미지를 무료로 등록할 수 있도록 웹FTP를 제공하고 있으며, 추가 용량을 사용해야 하는 경우에는 쇼핑몰 전문 이미지 호스팅 서비스인 이미지뱅크를 사

용하면 된다.

한편, 메이크샵에서 제공하는 이미지뱅크는 [상품관리]−[이미지뱅크]에서 확인할 수 있으며, 아래와 같이 4가지의 타입이 있다. 어떤 상품타입을 선택할 것인가는 판매할 전체 상품의 수를 고려하여 결정하면 될 것이다.

ⓐ 비기너 타입

ⓑ 메이크샵 타입

ⓒ 오픈마켓 타입

ⓓ 프리웨이 타입

④ HTML 명령어에 대한 이해: HTML 명령어를 사용할 수 있는 경우에는 상품상세정보 페이지를 잘 만들 수 있는데, 이를 통해 고객들이 상품에 대해 조금 더 쉽고 빠르게 이해할 수 있어서 매출 증대에도 도움이 된다.

⑤ 메인 화면 기본 설정: [상품관리]−[상품 진열 관리]−[메인 화면 기본 설정]에서 인터넷쇼핑몰의 메인 화면에 상품을 어떻게 진열할 것인가를 [판매 상품 신규 등록]을 하기 전에 반드시 설정해야 한다. 즉, 인터넷쇼핑몰의 메인 화면을 new product(매일 업데이트되는 신상품), best product(제일 잘 나가는 베스트 상품), special product(스페셜 상품)의 3가지로 구분하여 상품을 진열할 수 있도록 설정하는 것이 필요하다.

ⓐ [메인 화면 기본 설정]의 맨 아래에 있는 [기본 설정 변경]을 클릭한다.

ⓑ [상품 진열 관리 설정]에서 [진열코너를 선택하세요]를 클릭한 후에 신규, 특별, 추천을 선택한 후에 [진열코너추가]를 클릭한다([그림 3−6] 참고).

ⓒ 신규, 특별, 추천의 진열코너별로 [한 줄 상품 수]를 결정한다.

ⓓ 맨 아래에 있는 [기본 설정 저장]을 클릭한다.

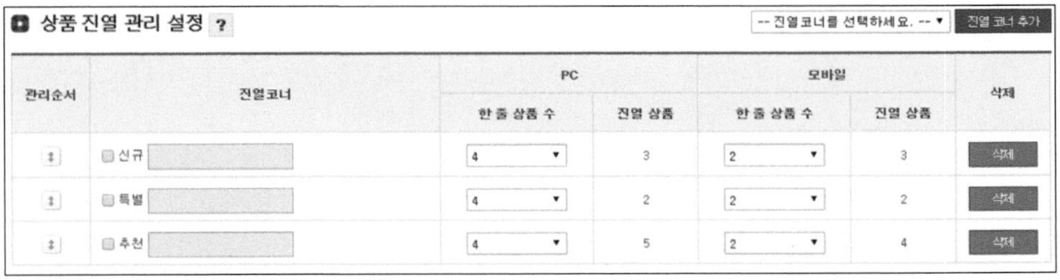

| 상품 진열 관리 설정 ? | | | | | | | -- 진열코너를 선택하세요. -- ▼ | 진열 코너 추가 |

그림 3-6   상품 진열 관리 설정

    이러한 몇 가지의 준비가 되었으면, 본격적으로 상품을 등록하면 되는데, 상품은 [상품관리]-[판매상품 기본관리]-[판매 상품 신규 등록]에서 등록하면 된다. 판매상품의 신규 등록을 위해서는 아래 사항들에 대해 꼭 필요한 내용들만 입력한 후에 [상품등록]을 클릭하면 된다. 즉, 모두 입력할 필요가 없으며, 상품의 효과적인 판매를 위해 반드시 필요한 필수항목(*)으로 지정된 사항들만 입력해도 된다.

        ⓐ 상품 기본 정보
        ⓑ 상품 노출 설정
        ⓒ 기본이미지 등록
        ⓓ 상품상세 직접입력
        ⓔ 상품 아이콘 설정
        ⓕ 상품 이벤트/제한 설정
        ⓖ 상품별 개별 배송비 설정
        ⓗ 상품상세 공통정보

    위에서 'ⓓ 상품상세 직접입력 [편집창]'에서는 [HTML]을 체크한 후에 웹FTP 혹은 이미지 호스팅 사이트를 활용하여 등록한 상품이미지 파일의 이미지경로 주소를 입력하면 된다. 혹시라도 [HTML]의 체크가 되지 않는 경우에는 맨 오른쪽 중간의 [업그레이드] 아래에 있는 [Get Adobe Flash Player] 이미지를 클릭하여 Flash 실행의 [허용]을 클릭하면 된다. 이렇게 하면 오른쪽 중간의 [업그레이드] 아래에 있는 [Get Adobe Flash Player] 이미지가 더 이상 보이지 않게 되면서 [HTML]을 체크할 수 있게 된다.

한편, 웹FTP 혹은 상품이미지 호스팅 사이트를 활용하여 상품이미지를 등록한 경우에는 아래와 같은 형식의 HTML 명령어를 사용하여 이미지경로 주소를 입력하면 된다.

<img src = "http://www.mis.or.kr/images/new_main_13.gif">

위의 HTML 명령어는 웹사이트(http://www.mis.or.kr) 내의 폴더(images)안에 저장되어 있는 이미지 파일(new_main_13.gif)을 불러와서 웹브라우저(Internet Explorer) 화면에서 보여 달라는 의미로 해석할 수 있다. 옥션, G마켓 등의 오픈마켓에서의 상품 등록에서 상세정보를 만들 때에 사용하는 명령어이며, 웹FTP 혹은 이미지 호스팅 사이트로 활용될 수 있는 Postimage(postimages.org) 등과 같은 다양한 웹사이트에 상품이미지를 등록하면 파일경로가 자동으로 생성되기 때문에 복사하여 사용하면 된다.

11. 다양한 기능들을 활용하여 인터넷쇼핑몰을 완성하기

위에서 인터넷쇼핑몰을 하루 만에 만들 수 있는 주요 메뉴의 활용방법에 대해서 구체적으로 설명을 하였는데, 인터넷쇼핑몰을 완성하기 위해서는 몇 가지의 추가적인 작업이 더 필요하다. 다만, 인터넷쇼핑몰의 주요 사업목적에 따라 선택하여 활용하면 될 것이며, 아울러 아래의 4가지를 고려하는 것이 필요하다.

① 인터넷쇼핑몰을 처음으로 개발하는 예비창업자들의 경우에는 메이크샵(makeshop)에서 제공하고 있는 모든 기능들에 대해 우선 이해하는 것이 필요하며, 이를 바탕으로 어떤 메뉴를 활용하여

인터넷쇼핑몰을 개발할 것인가를 결정하는 것이 중요하다.

② 인터넷쇼핑몰을 완성하기 위해서는 아래에서 설명하고 있는 메뉴(혹은 기능)들을 하나씩 살펴보면서 수정 및 보완하면 된다.

③ 경쟁적 관계에 있는 인터넷쇼핑몰들을 접속하여 살펴보면서 아래의 메뉴들이 어떻게 설정되어 있는가를 살펴보는 것도 도움이 될 것이며, 어떻게 차별화 혹은 특성화시킬 것인가를 생각하는 것이 매출 향상에 도움이 된다.

④ 인터넷쇼핑몰에서 판매하고자 하는 상품 및 운영 전략에 따라 메이크샵(makeshop)이 제공하고 있는 다양한 기능들을 전략적으로 활용하는 것이 필요할 것이다.

(1) 쇼핑몰 기본정보 설정

인터넷쇼핑몰을 운영하기 위해 반드시 필요한 정보이며, 특히 아래의 사항들에 대해서는 신중하게 결정한 후에 입력하는 것이 필요하다.

① 쇼핑몰 기본정보 관리: 메이크샵에 처음 가입했을 때에 등록한 회사정보를 수정할 수 있다.

② 쇼핑몰 도메인 관리: 인터넷쇼핑몰에 도메인 주소(URL)를 연결할 수 있는데, 인터넷쇼핑몰을 오픈하기 직전에 입력하면 된다.

③ 쇼핑몰명/검색키워드

④ 고객응대 관련정보: 고객 응대에 필요한 기본 정보를 입력할 수 있다.

(2) 쇼핑몰 결제서비스 설정

메이크샵에서는 다양한 결제서비스를 지원하고 있으며, 특히 2021년에 개발하여 선보이고 있는 샵페이 간편 결제 서비스도 제공하고 있다(머니투데이, 2022.9.22.). 여기에서 간편 결제(Simple Payment)는 신용카드 또는 계좌 정보를 스마트폰 앱 등에 미리 등록해 지문인식이나 비밀번호 입력만으로 돈을 지불하는 서비스를 말한다.

① 통합결제(PG) 소개/신청: 메이크샵에서는 쇼핑몰 운영자가 전자
결제(PG)회사를 자유롭게 선택할 수 있도록 국내 최대인 5개의
전자결제(PG)회사와 제휴하여 가장 좋은 서비스를 제공할 수 있
도록 지원하고 있다.

② 휴대폰 결제 소개/신청: 휴대폰 번호와 주민등록번호, SMS인증
번호 입력을 통해 즉시결제하고, 결제금액은 이동통신 요금으로
후불 청구되는 결제 서비스이다.

③ 간편결제 서비스: [쇼핑몰 구축]－[간편결제 서비스]에서 간편결
제 PG를 신청할 수 있다.

(3) 쇼핑몰 운영기능 설정

① 운영자/부운영자 관리: 쇼핑몰을 운영할 운영자와 부운영자 신
규 등록 및 권한을 설정/관리할 수 있다.

② 상품 배송관련 조건: 상품의 배송관련 조건을 다양하게 설정할
수 있다.

③ 고객센터 및 은행계좌 설정: 인터넷쇼핑몰의 메인에 노출되는
고객센터 및 은행계좌를 입력할 수 있다.

④ 상품 반품/환불 조건: 교환/반품/환불에 대하여 설정할 수 있다.

(4) 쇼핑몰 관리기능 설정

① 회원 적립(예치)금/쿠폰: 쇼핑몰 회원에게 적립금/쿠폰을 부여할
수 있는 기능을 선택할 수 있다.

② 회원 관련 특수조건 설정: 회원 가입양식에 필요한 부분을 추가
할 수 있는데, 신규 회원들에게 회원가입을 할 때에 너무 많은
정보들을 입력하라고 요구하는 것은 바람직하지 못할 수 있다.

(5) 판매상품 기본관리

① 등록 상품 수정/삭제: 쇼핑몰에 등록되어 있는 상품을 수정/삭

제할 수 있다.

② 상품 분류 등록/수정/삭제: 상품 분류를 등록/관리할 수 있다.

③ 판매 상품 신규 등록: 쇼핑몰에서 판매할 상품을 신규 등록할 수 있다.

(6) 고객 사은품

① 고객 사은품 설정: 고객이 주문시, 가격대별로 선택이 가능한 무료 사은품을 설정할 수 있다.

② 고객 사은품 등록/관리: 고객이 주문시, 가격대별로 선택이 가능한 무료 사은품을 등록/관리한다.

(7) 상품관리 부가기능

① 상품 적립금 일괄수정: 쇼핑몰의 상품의 적립금을 일괄 수정할 수 있다.

② 판매상품 가격 일괄수정: 쇼핑몰의 상품가격을 일괄 수정할 수 있다.

(8) 등록상품 일괄관리

① 등록상품 이동/복사/삭제: 쇼핑몰의 상품을 편리하게 이동/복사/삭제할 수 있다.

② 상품 판매수량 관리: 조회 타입을 [대분류별 상품] [메인진열 상품]으로 선택하여 조회할 수 있다.

(9) 기타

① 원클릭 쇼핑몰 구축: 인터넷쇼핑몰의 모든 기능이 필요하지 않은 초보 창업자들에게 가장 필요한 기능만을 최적의 상태로 세팅하여 좀 더 빠르고 완벽하게 인터넷쇼핑몰을 만들어 주는 기능이며, [쇼핑몰 구축]-[원클릭 쇼핑몰 구축]에서 원클릭 세팅이 되면 부분 수정은 가능하지만 전체 취소는 할 수가 없다.

② 쇼핑몰 프로모션 기능 선택: [프로모션]에서 아래 3가지 사항을 관리할 수 있다.

ⓐ 쇼핑몰 공지사항 관리

ⓑ 쇼핑몰 컨텐츠 관리: 쇼핑몰을 이용하는 고객들에게 유용한 정보를 제공하는 목적으로 활용할 수 있다.

ⓒ 고객 설문조사 관리

③ 디자인 부가기능: [개별디자인]의 [디자인 부가기능]에서 설정한다.

ⓐ 하단 프로모션 로고 모음: 쇼핑몰 하단에 프로모션용(보안서버/카드결제/신용카드/공정위/에스크로 등) 로고를 노출시켜, 쇼핑몰의 신뢰도를 높일 수 있다.

ⓑ 측면 스크롤 설정: 따라다니는 최근 본 상품이나 이벤트 배너 노출 시 사용할 수 있다.

ⓒ 상품 상세 공통정보 입력: 배송/AS/환불 등 상품 설명 하단에 공통으로 들어갈 수 있는 내용을 설정할 수 있다.

④ 상품별 추천(관련) 상품관리: 운동화를 판매할 때에 운동화 상세 페이지에 운동화 끈, 양말 등 관련 상품을 함께 노출하는 것처럼 상품 상세화면에 추천(관련) 상품을 등록하여 관리할 수 있다.

⑤ 생일/기념일 축하 이벤트: [회원관리]−[회원관리 프로모션]−[생일/기념일 축하 이벤트]에서 적립금/쿠폰 지급 및 SMS 축하 메시지를 자동 발송할 수 있다.

⑥ 왕대박 쿠폰 발행 서비스: [회원관리]−[왕대박 쿠폰 발행 서비스]−[새로운 쿠폰 만들기]에서 고객에게 주고 싶은 모든 종류의 쿠폰을 자유롭게 만들수 있는데, 쿠폰의 속성에 따라 할인 쿠폰, 적립 쿠폰, 배송비 무료 쿠폰, 사은품 쿠폰을 발급할 수 있다.

⑦ 디자인 관련 기초 설정: [개별디자인]−[디자인 관련 기초 설정]에서 아래의 몇 가지를 설정할 수 있다.

ⓐ 타이틀(TITLE) 관리: 브라우저 타이틀 아이콘 등을 등록할 수 있는데, 기본 타이틀 입력란에 기본 타이틀을 입력하면 모든 페이지에 노출할 수 있다.

ⓑ 결제 화면 관리: 주문서 작성시 노출되는 결제 화면을 관리할 수 있다.

ⓒ 메인/상품 화면 설정: 쇼핑몰에 디스플레이되는 상품의 이미지와 리스트를 설정 관리할 수 있으며, 공지사항 및 컨텐츠(정보) 표시 개수를 설정할 수 있다.

　ㄱ 공지사항 표시 개수

　ㄴ 컨텐츠(정보) 표시개수

12. 메이크샵 관리자 페이지의 메뉴

위에서는 메이크샵(makeshop)으로 인터넷쇼핑몰을 만들기 위해 알아야 하는 중요한 메뉴들을 중심으로 설명을 하였지만, 메이크샵에 로그인(log-in)을 한 후에 볼 수 있는 관리자 페이지에는 아래와 같이 총11개의 메뉴로 구성되어 있다.

따라서, 인터넷쇼핑몰 창업을 하려고 하는 경우에는 아래의 11개 메뉴에서 세부적으로 분류되어 있는 모든 메뉴들을 하나씩 확인한 후에 구체적으로 설정하는 절차가 필요할 것이다. 특히 경쟁관계에 있는 인터넷쇼핑몰들을 조사하고 분석한 후에 조금 더 차별화되는 고객 서비스를 제공할 수 있도록 인터넷쇼핑몰을 개발하고 운영하는 것이 중요할 것이다.

① 쇼핑몰 구축

② 상품관리

③ 주문관리

④ 회원관리

⑤ 게시판/메일

⑥ 모바일샵

⑦ 모바일앱

⑧ 프로모션

⑨ 고객이벤트

⑩ 개별디자인

⑪ 해외진출

특히 D4 버전에서는 D2 버전과는 달리 [개별디자인]에 많은 변화가 있기 때문에 [개별디자인]−[개별디자인 팁]에서 제공하고 있는 [카멜레온의 가상태그 사용방법 및 기능설정 TIP!]을 확인하면서 인터넷쇼핑몰을 개발하는 것이 필요하다.

또한, 인터넷쇼핑몰 혹은 전자상거래 사이트의 개발 및 운영에 경험이 부족한 예비창업자의 경우에는 먼저 위에서 설명한 [1. 디자인 편집하기]에서 [10. 상품등록하기]까지의 내용을 중심으로 인터넷쇼핑몰을 개발하여 운영해 보는 것이 필요하다. 또한 인터넷쇼핑몰의 개발 및 운영에 경험을 쌓은 후에는 [11. 다양한 기능들을 활용하여 인터넷쇼핑몰 완성하기]의 내용을 반영하여 인터넷쇼핑몰의 완성도를 높여가는 것도 좋을 것이다. 즉, 처음부터 완벽한 인터넷쇼핑몰을 개발하려고 하다 보면, 오히려 시간 및 비용이 초과되는 상황이 발생하면서 계획적인 인터넷쇼핑몰의 창업에 지장을 초래할 수 있기 때문이다.

한편, 최근 메이크샵에서는 라이브 커머스 솔루션을 지원하고 있는데(머니투데이, 2021.5.12), 라이브 커머스는 온라인 실시간 방송으로 소비자와 소통하며 제품을 소개하고 판매하는 플랫폼이다. 이에 따라 메이크샵 온라인 쇼핑몰 사업자는 스마트폰 하나로 1년 365일 언제, 어디서든 자유롭게 생방송으로 상품 판매와 이벤트를 진행할 수 있으며, 이로 인해 신규 고객 유입, 브랜드 이미지 강화, 매출 증대 등을 기대할 수 있다.

참고 인터넷쇼핑몰의 홍보와 광고

본 장에서는 메이크샵(makeshop)을 활용하여 인터넷쇼핑몰을 만드는 방법에 대해 자세하게 설명을 하였는데, 어쩌면 인터넷쇼핑몰을 만들기 전부터 구체적으로 계획해야 하는 것이 바로 홍보와 광고라고 할 수 있다. 창업기업에서 개발하여 운영하고 있는 인터넷쇼핑몰을 어떻게 홍보하여 고객들이 접속할 수 있도록 할 것인가, 어떻게 회원가입을 하고 상품을 구매하도록 할 것인가에 대해서 아래와 같이 4가지로 구분하여 계획하고 진행해야 할 것이다. 아울러 주요 포털사이트에서 진행할 수 있는 키워드 광고(keyword advertising) 및 SNS를 활용한 홍보 및 광고 진행에 대한 구체적인 조사 및 계획 수립이 매출 향상에 필수적이라고 할 수 있다.

① 온라인(on-line) 홍보
② 온라인(on-line) 광고
③ 오프라인(off-line) 홍보
④ 오프라인(off-line) 광고

YouTube 채널 : 맛따라 · 길따라 · 창업

유튜브(YouTube)에 등록되어 있는 [제3장 인터넷쇼핑몰을 활용한 전자상거래 창업하기]와 관련된 동영상 강좌는 다음과 같다.

① 디자인 편집하기 및 웹ftp의 활용
② 로고 및 메인이미지의 등록
③ 배너(링크) 등록 및 게시판 만들기
④ 고객센터 및 은행계좌 설정
⑤ 이벤트 설정
⑥ 대분류/중분류/소분류만들기
⑦ 상품등록하기
⑧ 메이크샵(makeshop)의 다양한 기능

네이버 카페(cafe)를 활용한 전자상거래 창업하기

4

네이버 카페(cafe)를 활용한 전자상거래 창업하기

다양한 종류의 상품을 판매하는 전자상거래를 하기 위해서는 카페(cafe)를 개설하여 운영하는 것도 생각할 수 있는데, 카페(cafe)는 다음(Daum) 혹은 네이버(Naver)에서 누구나 무료로 개설하여 운영할 수 있다. 본 장에서는 먼저 네이버(Naver)에서 카페(cafe)를 개설하는 절차에 대해 설명을 할 것이며, 다음(Daum)에서도 거의 동일한 방법으로 개설할 수 있다. 또한 네이버(Naver) 카페(cafe)를 활용하여 전자상거래를 할 수 있는 방법에 대해서도 실무적으로 설명할 것이다.

1. 네이버 카페(cafe)의 개설

네이버 카페(cafe)를 개설하는 절차는 다음과 같은데, 카페를 활용하여 전자상거래를 하기 위해서는 어떤 것들이 필요한가를 생각하면서 개설하는 것이 중요하다. 예를 들어, 카페에서 배낭여행 상품을 판매하는 전자상거래를 생각하고 있다면, 타겟(target)으로 하는 지역에 대한 다양하면서도 풍부한 여행 관련 콘텐츠(contents)를 카페에서 제공하는 것이 필요할 것이다.

첫째, 카페홈(section.cafe.naver.com)에서 [카페만들기]를 클릭한다.

둘째, [그림 4-1]의 [카페만들기]에서 카페이름부터 시작하여 하나씩 꼼꼼하게 확인하면서 모두 입력한 후에 [확인]을 클릭하면 카페가 만들어진다.

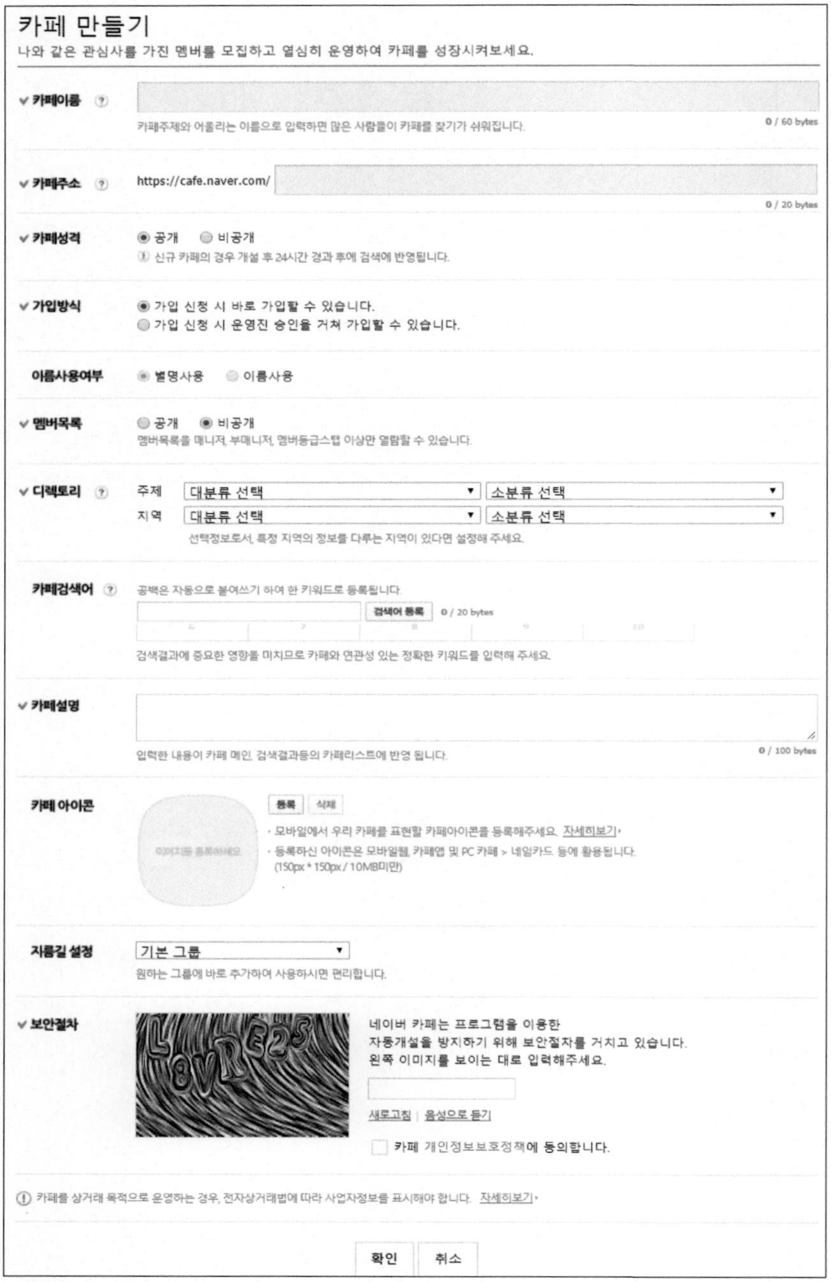

카페 만들기

나와 같은 관심사를 가진 멤버를 모집하고 열심히 운영하여 카페를 성장시켜보세요.

✓ 카페이름 ⑦

카페주제와 어울리는 이름으로 입력하면 많은 사람들이 카페를 찾기가 쉬워집니다.   0 / 60 bytes

✓ 카페주소 ⑦ https://cafe.naver.com/

0 / 20 bytes

✓ 카페성격 ◉ 공개 ○ 비공개
ⓘ 신규 카페의 경우 개설 후 24시간 경과 후에 검색에 반영됩니다.

✓ 가입방식 ◉ 가입 신청 시 바로 가입할 수 있습니다.
○ 가입 신청 시 운영진 승인을 거쳐 가입할 수 있습니다.

이름사용여부 ◉ 별명사용 ○ 이름사용

✓ 멤버목록 ○ 공개 ◉ 비공개
멤버목록을 매니저, 부매니저, 멤버등급스탭 이상만 열람할 수 있습니다.

✓ 디렉토리 ⑦ 주제 | 대분류 선택 ▼ | 소분류 선택 ▼ |
지역 | 대분류 선택 ▼ | 소분류 선택 ▼ |
선택정보로서, 특정 지역의 정보를 다루는 지역이 있다면 설정해 주세요.

카페검색어 ⑦ 공백은 자동으로 붙여쓰기 하여 한 키워드로 등록됩니다.

| 검색어 등록 | 0 / 20 bytes
검색결과에 중요한 영향을 미치므로 카페와 연관성 있는 정확한 키워드를 입력해 주세요.

✓ 카페설명

입력한 내용이 카페 메인, 검색결과등의 카페리스트에 반영 됩니다.   0 / 100 bytes

카페 아이콘 [등록] [삭제]
· 모바일에서 우리 카페를 표현할 카페아이콘을 등록해주세요. 자세히보기›
· 등록하신 아이콘은 모바일웹, 카페앱 및 PC 카페 › 네일카드 등에 활용됩니다.
(150px * 150px / 10MB미만)

지름길 설정 | 기본 그룹 ▼ |
원하는 그룹에 바로 추가하여 사용하시면 편리합니다.

✓ 보안절차 네이버 카페는 프로그램을 이용한
자동개설을 방지하기 위해 보안절차를 거치고 있습니다.
왼쪽 이미지를 보이는 대로 입력해주세요.

새로고침 | 음성으로 듣기
☐ 카페 개인정보보호정책에 동의합니다.

ⓘ 카페를 상거래 목적으로 운영하는 경우, 전자상거래법에 따라 사업자정보를 표시해야 합니다. 자세히보기›

[확인] [취소]

그림 4-1 네이버 카페 만들기

셋째, [카페관리]을 클릭하여 [관리홈]에서부터 아래의 메뉴들을 하나씩 클릭해 가면서 설정하는 것이 필요하다. 다만, 어떤 메뉴의 경우에는 특별히 설정할 필요가 없을 수도 있지만, 카페(cafe)를 활용한 전자상거래를 효과적으로 진행하기 위해 어떤 메뉴들을 조금 더 효과적으로 활용할 것인가에 대해서도 깊이 생각하는 것이 필요할 것이다.

① 카페 운영
   ⓐ 기본 정보
   ⓑ 이벤트 관리
   ⓒ 매니저 위임
   ⓓ 카페 폐쇄
② 멤버·스탭
   ⓐ 전체 멤버 관리
   ⓑ 활동정지 멤버 관리
   ⓒ 강제탈퇴 멤버 관리
   ⓓ 스탭 관리
③ 가입·등급
   ⓐ 가입 정보 관리
   ⓑ 가입 신청 관리
   ⓒ 가입 불가 관리
   ⓓ 멤버 환영 관리
   ⓔ 가입 환영 메일 설정
   ⓕ 멤버 등급 관리
④ 메뉴
   ⓐ 메뉴 관리
   ⓑ 카페북 관리
⑤ 글·글양식
   ⓐ 글양식
   ⓑ 태그

　　　ⓒ 글쓰기 조건 설정

　　　ⓓ 게시글 보호 설정

　　⑥ 스팸·삭제글

　　　ⓐ 스팸 관리

　　　ⓑ 삭제 글/댓글 보기

　　⑦ 꾸미기

　　　ⓐ 레이아웃

　　　ⓑ 스킨

　　　ⓒ 타이틀

　　　ⓓ 카페 대문

　　　ⓔ 모바일 카페앱

　　　ⓕ 배경음악

　　⑧ 통계

　　　ⓐ 일간 현황

　　　ⓑ 방문 분석

　　　ⓒ 사용자 분석

　　　ⓓ 순위

　　　ⓔ 게시판 분석

　　⑨ 채팅(채팅 사용 설정)

　　⑩ 메일·쪽지

　　　ⓐ 메일보내기

　　　ⓑ 쪽지보내기

2. 카페 개설 및 운영의 핵심 사항

네이버(Naver) 카페(cafe)를 개설할 때에 중요한 사항들은 다음과 같은데, 중요한 것은 사전에 카페의 목적을 분명하게 설정하는 것이라고 할 수 있다.

① [꾸미기]−[타이틀]에서 포토샵으로 만든 타이틀 이미지를 등록한다.

② [꾸미기]−[레이아웃]에서 하나를 선택한 후에 [상단메뉴] 및 [출력설정]을 해야 하는데, 저자는 세 번째의 [레이아웃]을 추천한다.

③ [꾸미기]−[카페대문]은 HTML 명령어를 사용하여 꾸미는 것이 최상이라고 할 수 있는데, 뉴비즈니스연구소(cafe.naver.com/ihavetwojobs)를 참고하면 된다.

④ [메뉴]−[메뉴관리]에서 카페의 운영에 필요한 메뉴(게시판)을 추가한 후에 [권한 설정]을 해야 하는데, 글쓰기, 댓글쓰기 및 읽기 권한의 설정은 회원 증가 및 카페의 효과적인 운영을 위해 매우 중요하다고 할 수 있다.

⑤ [꾸미기]−[레이아웃]에서 2−3개의 템플릿을 사용하는 것이 필요하다.

⑥ [카페운영]−[기본정보]에서 카페이름은 3개월 단위로 수정할 수 있다.

⑦ 카페의 운영과 관련하여 가장 중요한 것이라고 하면 바로 매일 다양한 콘텐츠(텍스트, 이미지, 동영상(UCC))를 등록하는 것이라고 할 수 있는데, 카페의 경우에는 키워드 광고 보다는 오히려 매일 다양한 콘텐츠를 등록하는 것이 회원을 증가시키는데 더 많은 도움이 되고 있다.

3. 카페(cafe)를 성공적으로 운영하기 위한 전략

카페(cafe)를 활용하여 전자상거래를 하기 위해서는 먼저 카페를 성
공적으로 운영하는 것이 필요한데, 이를 위한 주요 사항은 아래와 같다.

① 네이버(Naver) 혹은 다음(Daum)에서 운영 중인 카페(cafe) 중에서
회원이 10,000명이 넘는 카페(cafe)들이 어떻게 운영되고 있는가
에 대해 조사하고 벤치마킹(Benchmarking)하는 것이 필요하다.

② 카페(cafe)는 특정 분야에 관심이 있는 사람들이 교류하는 커뮤
니티(community)이기 때문에 다음과 같은 몇 가지를 확실하게
결정하는 것이 필요하다.

ⓐ 어떤 사람들을 대상으로 하는 커뮤니티(community)를 운영할
것인가?

ⓑ 어떤 종류의 콘텐츠(contents)를 제공하여 다른 카페들과 차
별화를 할 것인가?

ⓒ 장기적으로 어떤 수익모델(business model)을 개발하고 유지
할 것인가?

ⓓ 성공하는 비즈니스를 위해 어떤 카페 혹은 사이트들과 제휴
하고 협력할 것인가?

③ 카페(cafe) 외에 밴드(band), 페이스북(facebook), 트위터(twitter)
등과 같은 다양한 SNS들과의 연계적인 운영을 통하여 커뮤니티
를 확장시키는 것을 적극적으로 고려해야 한다.

④ 카페를 3개월 정도를 운영하면서 다양한 콘텐츠들이 등록되어
있고 가입된 회원이 50명이 넘어 가면, 온라인(on-line) 및 오
프라인(off-line)에서의 모임 및 행사를 정기적으로 진행하는 것
이 필요하다. 아울러, 언론보도 및 다양한 홍보를 활용하여 모임
및 행사를 홍보하면서 카페에 더 많은 사람들이 가입할 수 있도
록 해야 한다.

참고 네이버 카페의 운영 사례
두발로병원에서는 발목 골절 클리닉 네이버 카페(cafe.naver.com/dubalo2)
의 운영을 통해 환자들이 스스로 빨리 진단받고 정확하게 치료에 나설 수
있도록 필요한 정보를 제공하고 있다(세계비즈, 2023.4.17.).

4. 네이버 카페로 전자상거래 사이트 만들기

네이버(Naver) 카페를 활용하여 전자상거래를 하기 위해서는 [상품
등록게시판]을 적극적으로 활용해야 한다. 즉, 상품등록게시판은 네이
버(Naver) 및 다음(Daum) 카페에서 추가하여 사용할 수가 있는데, 네
이버 카페에서 [상품등록게시판]을 추가한 후에 상품을 판매하는 방법
에 대해서 설명하면 아래와 같다. 다음(Daum) 카페에서의 방법도 거
의 동일하게 하면 된다.

한편, 2009년부터 네이버 카페에서는 [상품등록게시판]을 통한 이
용자 간 거래를 권장하고 있는데(국제뉴스, 2015.9.16.), 네이버 카페에
서 이용자 간 사기 거래에 의한 피해를 방지하기 위해서 [상품등록게
시판]의 사기 가능성이 높은 게시글에는 알림 표시를 강화하고 있는
실정이다.

또한 네이버 카페에는 안전한 전자상거래를 보장하는 에스크로 서
비스를 적용하고 있는데, 네이버 카페회원간 안전한 물품거래를 위해
IT서비스 업체 다우기술 에스크로 서비스인 '유니크로'를 적용한 '상품
등록게시판' 서비스를 시작하고 있다(ZDNet Korea, 2009.4.14.).

(1) 상품등록게시판의 추가

[그림 4-2]는 네이버 카페의 카페관리 > 메뉴 > 메뉴관리 화면인
데, 왼쪽 메뉴 종류에서 새롭게 추가된 상품등록게시판을 확인할 수
있다. 기존의 게시판 생성 방법과 동일하게 상품등록게시판을 선택한

후에 [추가]를 클릭하면 된다. 물론 상품등록게시판의 이름은 창업자
가 주로 판매하고자 하는 제품의 종류 등으로 얼마든지 변경이 가능
하다.

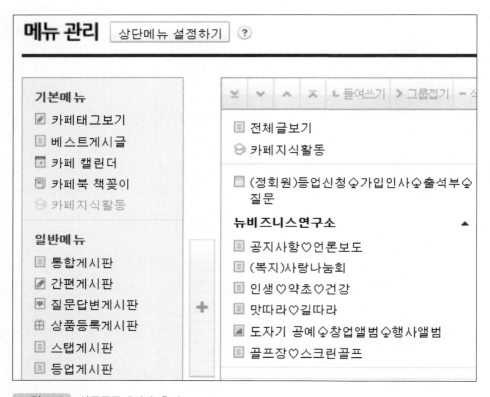

그림 4-2 상품등록게시판 추가

또한 [그림 4-3]에서와 같이 메뉴기본설정에서 메뉴명과 메뉴설명
을 입력한 후, 해당 게시판에서 사용할 거래종류(개인거래 혹은 공동구
매)를 선택한다. 다만, 저장을 완료한 후에는 거래종류는 변경할 수가
없다.

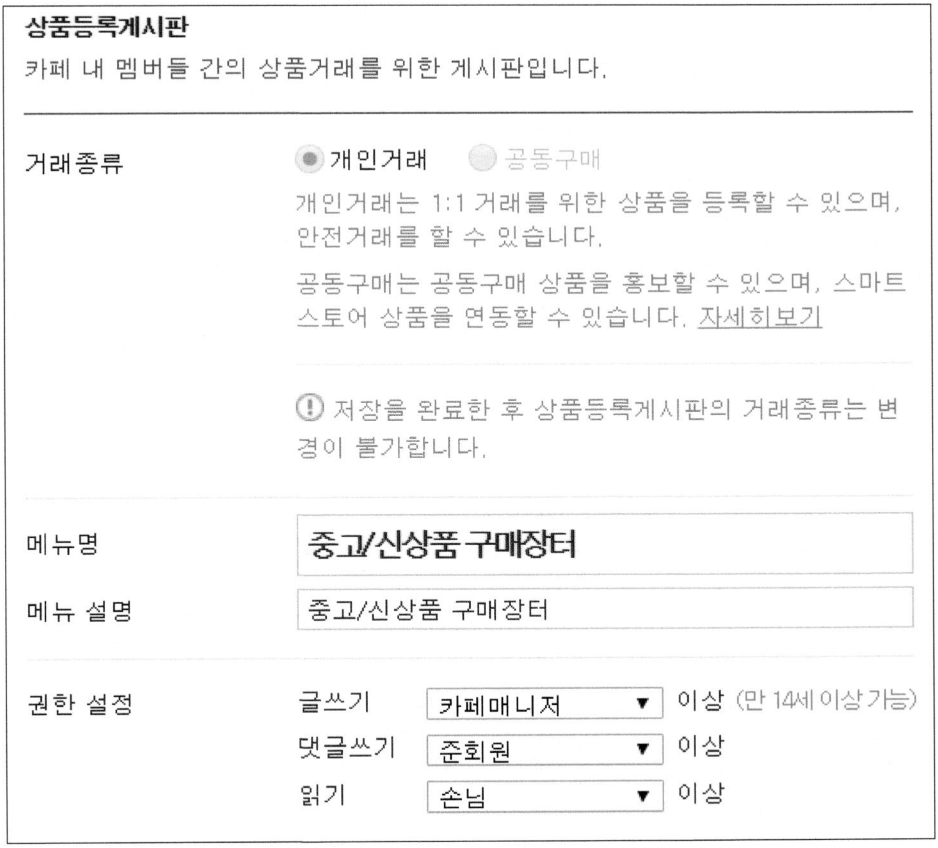

상품등록게시판

카페 내 멤버들 간의 상품거래를 위한 게시판입니다.

거래종류	● 개인거래　　○ 공동구매
	개인거래는 1:1 거래를 위한 상품을 등록할 수 있으며, 안전거래를 할 수 있습니다.
	공동구매는 공동구매 상품을 홍보할 수 있으며, 스마트스토어 상품을 연동할 수 있습니다. <u>자세히보기</u>
	ⓘ 저장을 완료한 후 상품등록게시판의 거래종류는 변경이 불가합니다.
메뉴명	중고/신상품 구매장터
메뉴 설명	중고/신상품 구매장터
권한 설정	글쓰기　[카페매니저　▼]　이상 (만 14세 이상 가능)
	댓글쓰기　[준회원　▼]　이상
	읽기　[손님　▼]　이상

그림 4-3　거래종류의 설정

(2) 상품의 등록 및 판매

앞에서 추가한 [상품등록게시판]에 판매하고자 하는 다양한 상품을 등록하면 되는데, 이를 활용하여 상품을 판매하는 구체적인 절차는 아래와 같다.

① [상품등록게시판]을 추가한 후에 게시판의 이름을 [중고/신상품 구매장터]로 설정한다. 게시판의 이름은 판매하고자 하는 상품의 종류에 맞게 설정하면 된다.

② [중고/신상품 구매장터] 게시판에 판매하고자 하는 상품을 등록

하면 되는데, 거래방법은 안전거래 혹은 직접거래 중에서 하나
를 선택할 수 있다.

그림 4-4 상품등록게시판을 활용한 상품의 등록 및 판매

③ 카페의 메인(대문)에서 상품판매에 대한 홍보를 진행한다. 예를
들어, [그림 4-4]에서 보듯이 상품등록게시판의 이름을 [중고/
신상품 구매장터]로 하여 안전거래를 선택한 후에 상품을 등록
하면, 고객들은 무통장, 계좌이체, 신용카드로 결제할 수 있다.
이것에 대한 자세한 내용은 뉴비즈니스연구소 카페(cafe.naver.com/
ihavetwojobs)에서 확인할 수 있는데, 카페에서도 얼마든지 상품을 판
매할 수 있다는 것을 보여주고 있다. 또한 한 줄에 5개의 상품이미지
를 등록한 후에 4줄로 만들어서 20개의 상품이미지를 등록해 보았다.
이렇게 하면, 네이버 카페의 첫 페이지를 마치 전자상거래 사이트 혹

은 인터넷쇼핑몰과 같이 만들어서 상품을 판매할 수 있다([그림 4-5] 참고).

한편, [그림 4-5]에서 보듯이, 네이버 카페의 대문을 전자상거래 사이트 혹은 인터넷쇼핑몰의 메인 화면처럼 만들기 위해서는 다음의 순서로 진행하면 되는데, 제2장에 있는 HTML 명령어들을 활용하면 된다.

① [상품등록게시판]을 추가하여 게시판의 이름을 [중고/신상품 구매장터]로 설정한 후에 20개의 상품을 등록한다.

② 20개의 상품별로 대표 상품이미지(이미지의 크기는 width="105" height="105" 정도로 만든다)를 이미지 호스팅 사이트(image hosting site)에 등록한다.

③ HTML 명령어를 사용하여 4줄 5칸의 테이블(4×5, 총20개 칸)을 만든다.

④ 각 칸에는 이미지 호스팅 사이트에 등록되어 있는 대표 상품이미지의 크기를 width="105" height="105"로 조정한 후에 불러오게 하고, 상품이미지를 클릭했을 때에 [중고/신상품 구매장터]에 등록되어 있는 해당 상품의 상품구매 페이지로 링크되도록 한다. 이것을 하기 위한 HTML 명령어의 형식은 아래와 같다.

<a href="http://상품구매 페이지 주소" target=win1>
<img src="http://대표 상품이미지의 주소" width="105" height="105">
</a>

참고 외부 전자상거래 사이트의 상품구매 페이지로 링크시키기

바로 위의 HTML 명령어에서 [상품구매 페이지 주소]는 네이버 카페에 등록되어 있는 상품구매 페이지 주소 뿐만 아니라 외부 전자상거래 사이트의 상품구매 페이지의 주소를 사용하여 링크시킬 수도 있다. 이를 활용하여 창업자가 운영하고 있는 모든 전자상거래 사이트에 등록되어 있는 상품들을 네이버 카페에서 홍보하면서 상품을 구매할 수 있도록 하는 것이 얼마든지 가능하다.

⑤ 한 줄에 5개 칸을 만든 후에 각 칸에 있는 상품이미지를 클릭했을 때에 [중고/신상품 구매장터]에 있는 해당 상품의 상품구매 페이지로 링크되도록 하는 HTML 명령어의 형식은 다음과 같다.

```
<table border=1>
<tr>
<td>
<a href="http://상품1의 구매페이지 주소" target=win1>
<img src="http://상품1의 대표 상품이미지 주소" width="105" height="105">
</a>
</td>
<td>
<a href="http://상품2의 구매페이지 주소" target=win1>
<img src="http://상품2의 대표 상품이미지 주소" width="105" height="105">
</a>
</td>
<td>
<a href="http://상품3의 구매페이지 주소" target=win1>
<img src="http://상품3의 대표 상품이미지 주소" width="105" height="105">
</a>
</td>
<td>
<a href="http://상품4의 구매페이지 주소" target=win1>
<img src="http://상품4의 대표 상품이미지 주소" width="105" height="105">
</a>
</td>
<td>
<a href="http://상품5의 구매페이지 주소" target=win1>
<img src="http://상품5의 대표 상품이미지 주소" width="105" height=
```

```
"105">
</a>
</td>
</tr>
</table>
```

⑥ 4줄 5칸의 테이블(4×5, 총20개 칸)에 대해 위의 방법대로 HTML
명령어를 만들면, [그림 4-5]에서 보듯이, 네이버(Naver) 카페
를 전자상거래 사이트 혹은 인터넷쇼핑몰의 메인 화면처럼 만들
어서 상품판매를 할 수 있다.

네이버 카페를 활용한 전자상거래 사이트 만들기

참고 다음(Daum) 카페를 활용한 전자상거래

위에서 설명한 네이버 카페를 활용한 전자상거래와 거의 동일한 방법으로 다음(Daum) 카페를 활용하여 전자상거래를 할 수 있다. 즉, 다음(Daum) 카페에서도 [상품등록게시판]을 추가하여 상품을 등록하고 판매할 수 있으며 ([그림 4-6] 참고), 다음(Daum) 카페의 메인에 HTML 명령어를 활용하여 인터넷쇼핑몰의 메인 화면처럼 만들어서 상품판매를 할 수 있다.

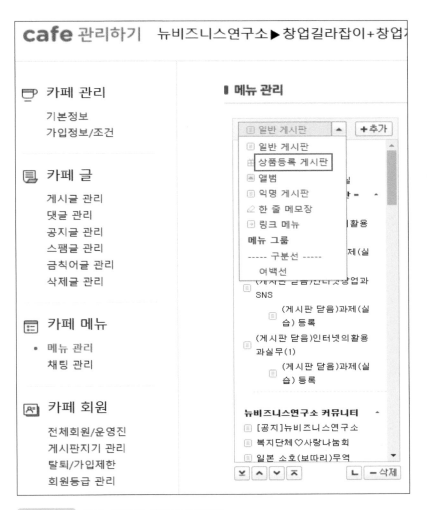

그림 4-6 다음 카페의 상품등록게시판

참고 네이버 카페(cafe)의 상품등록게시판 활용

네이버의 [고객센터]−[카페]−[게시판 이용 방법]−[상품등록게시판]에서는
아래와 같이 상품판매와 관련하여 몇 가지 사항을 자세하게 안내하고 있다.

① 상품등록게시판 거래글 작성 방법(개인거래)

② 상품등록게시판 거래글 작성 방법(공동구매)

③ 판매자 인증 방법

④ 본인 휴대폰이 없어 인증이 어려울 때

⑤ 안전거래 이용 방법

⑥ 일회용 안심번호 이용 방법

⑦ 내 거래내역 조회 방법

⑧ 상품등록게시판 구매문의 채팅

YouTube 채널 : 맛따라 · 길따라 · 창업

유튜브(YouTube)에 등록되어 있는 [제4장 네이버 카페(cafe)를 활용한 전자상
거래 창업하기]와 관련된 동영상 강좌는 다음과 같다.

① 네이버 카페(Naver cafe) 만들기

② 네이버 카페의 개발 및 성공적인 운영 전략

③ 네이버 카페로 인터넷쇼핑몰 만들기

CHAPTER

5

옥션 및 G마켓을 활용한 전자상거래 창업하기

CHAPTER 5

옥션 및 G마켓을 활용한 전자상거래 창업하기

1. 오픈마켓의 개념 및 종류

오픈마켓(open market)은 누구나 상품을 등록하여 판매할 수 있는 전자상거래 사이트이며, 국내 대표적인 오픈마켓은 다음과 같다. 이러한 오픈마켓들은 고객과 고객들이 상품을 등록하고 상품을 구매하는 C－to－C(Customer to Customer) 형태의 전자상거래사이트이며, 장기적으로 볼 때에 가장 성장가능성이 높은 전자상거래라고 할 수 있다.

① 옥션(www.auction.co.kr)

② G마켓(www.gmarket.co.kr)

③ 11번가(www.11st.co.kr)

④ 인터파크(www.interpark.com)

⑤ 쿠팡(www.coupang.com)

한편, 2020년을 기준으로 볼 때에 국내 이커머스(e－Commerce, electronic commerce) 시장 점유율은 네이버가 18%, 쿠팡이 13%, 이베이코리아(G마켓·옥션·G9) 12% 수준인데(디지털투데이, 2021.6.25.), 2021년에는 이마트가 옥션과 G마켓을 운영하고 있는 이베이코리아 지분 80.01%를 3조4404억원에 인수하면서 국내 이커머스 시장에 큰 변화를 예상되고 있는 실정이다(조선비즈, 2023.6.13.). 이에 따라서 오픈마켓 혹은 이커머스(e－Commerce) 창업자는 이러한 시장의 변화를 수시로 파악하면서 오픈마켓 창업의 전략을 수립하는 것이 필요할 것이다.

참고 옥션 및 G마켓을 활용하여 전자상거래 창업을 하기 위해서는 먼저 판매회원
으로 가입을 하거나 기존에 가입했던 구매회원을 판매회원으로 전환해야 하
는데, 이것에 대한 방법이 옥션 및 G마켓에서 가끔 변경되기도 한다. 특히
구매회원을 판매회원으로 전환하는데 있어 문제가 있는 경우에는 아래에서
상담하면 된다.
① 옥션 판매자 상담센터: 1588-6345
② G마켓 판매자 상담센터: 1566-5707

참고 옥션 혹은 G마켓에서 전자상거래 창업을 하고 싶은 판매자는 G마켓·옥션
판매교육센터(rpp.gmarket.co.kr/?exhib=47084, 혹은 rpp.auction.co.kr/?exhib=
47129)에서 동영상 강좌를 먼저 수강하는 것이 도움이 된다. 또한 유튜브에
서도 G마켓 옥션 판매자 교육센터 TV(www.youtube.com/@gmarket_edu/
videos)를 운영하고 있는데, 옥션 혹은 G마켓에서 성공적으로 전자상거래
창업을 할 수 있는 다양한 강좌를 제공하고 있다.

2. 옥션에서의 상품판매

1998년 4월에 국내 최초의 인터넷 경매사이트로 시작한 옥션(auction)
에서의 상품판매 절차는 다음과 같다.

(1) 판매회원 가입 혹은 전환

옥션에서 상품을 판매하기 위해 제일 먼저 해야 하는 일은 바로 판
매회원으로 가입하거나 전환하는 것이며, [회원가입] 메뉴에 접속하여
진행하면 된다([그림 5-1] 참고). 혹은 옥션에 이미 구매회원으로 가입
된 경우에는 아래에서 회원전환을 하거나 옥션 판매자 상담센터로 연
락하여 판매회원으로 전환하는 방법에 대해 문의하면 된다.
① 홈>회원정보>회원정보수정
② 홈>회원정보>회원전환

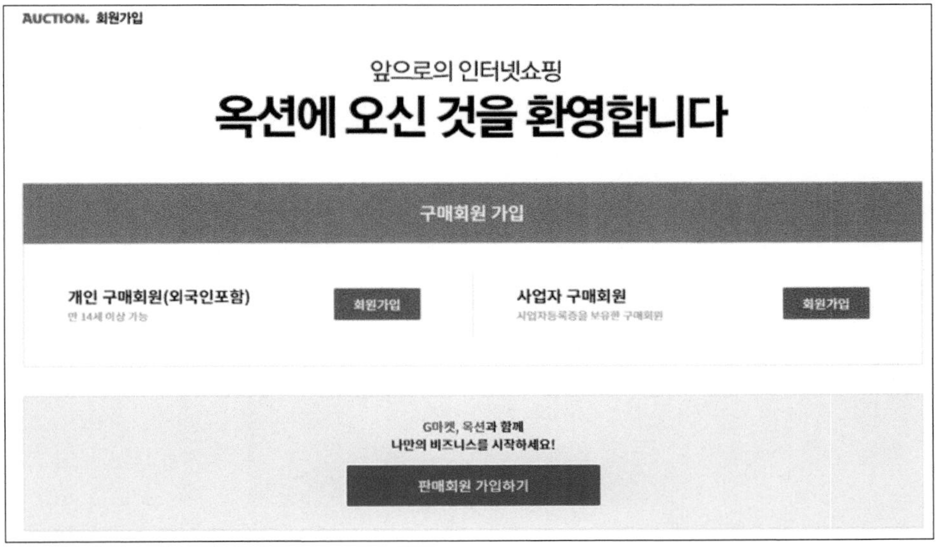
AUCTION. 회원가입
앞으로의 인터넷쇼핑
옥션에 오신 것을 환영합니다
구매회원 가입
개인 구매회원(외국인포함)
만 14세 이상 가능
회원가입
사업자 구매회원
사업자등록증을 보유한 구매회원
회원가입
G마켓, 옥션과 함께
나만의 비즈니스를 시작하세요!
판매회원 가입하기

그림 5-1 옥션 판매회원 가입하기

(2) 판매회원으로 가입했거나 전환이 되었으면, 옥션 사이트의 오른쪽 상단에 있는 [판매하기]를 클릭한다.

(3) [내 물품판매]에서 [일반 개인회원]을 클릭하면 되는데([그림 5-2] 참고), 전문판매자와의 차이점은 아래와 같다. 초보 판매자의 경우에는 일반 개인회원으로 상품판매를 하면서 경험을 쌓은 후에 전문판매자로 등록하여 본격적인 오픈마켓 창업을 하면 된다.

① 일반 개인회원(selling basic): ID당 최대 20개까지 등록 가능하며, 90일간 판매된다. 또한 등록된 상품은 옥션PC중고장터, 옥션중고장터앱을 통하여 판매된다.

② 전문판매자(ESM plus, Ebay Sales Manager plus): 전문적인 판매를 목적으로 수많은 상품을 동시에 등록하고 관리할 수 있다.

내 물품 판매

(4) [판매물품등록]을 클릭한 후에 아래의 사항들을 입력한 후에 [물품 등록]을 클릭하면 된다.

① 상품등록 카테고리의 선택

② 상품명

③ 가격

④ 사진

⑤ 상품설명: 상품설명은 아래와 같이 두 가지의 방법이 있는데, 일반적으로는 [HTML로 작성하기]를 가장 많이 사용하고 있다. 즉, 상품 설명을 여러 장의 포토샵 이미지로 만들어서 이미지 호스팅 사이트에 등록한 후에 <img src> 명령어를 사용하여 옥션의 [상품설명] 부분에서 단순히 보여주는 것을 말한다.

ⓐ HTML로 작성하기

ⓑ 에디터로 작성하기

⑥ 배송방법 & 배송비

참고 상품설명을 위해 사용되는 포토샵 이미지들은 제2장 제1절의 "3. 포토샵 이 미지를 서버에 등록하기"에 안내되어 있는 다양한 이미지 호스팅 사이트들 에 등록될 수 있으며, 장기적으로 상업적인 활동을 하는 경우에는 반드시 유 료 사이트를 활용하는 것이 바람직할 것이다.

(5) 등록물품 및 판매내역 확인

옥션에서 상품을 판매하는 과정에서 수시로 확인해야 할 사항은 바 로 옥션에 등록한 물품 및 판매내역이라고 할 수 있다([그림 5-3] 참고).

그림 5-3 등록물품 및 판매내역

3. G마켓에서의 상품판매

G마켓(www.gmarket.co.kr)에서 상품을 판매하기 위해서는 먼저 [판매회원 가입하기]를 해야 하며([그림 5-4] 참고), 구매회원으로 가입이 되어 있는 경우에는 [나의 쇼핑정보(눈사람 모양)]-[나의 설정]-[회원 정보 설정]-[개인 판매회원 전환]을 해야 한다. 혹시라도 판매회원으로의 전환에 문제가 있는 경우에는 G마켓 판매자 상담센터(1566-5707)에 문의하면 된다.

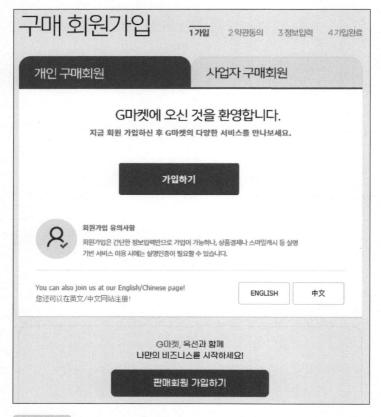

그림 5-4   G마켓의 판매회원 가입하기

또한 판매회원으로 가입 혹은 전환한 후에는 오른쪽 맨 아래에 있는 [판매자 서비스]−[ESM PLUS(통합판매툴)]에서 로그인을 해야 하며, [ESM PLUS(통합판매툴)]에서는 [상품등록/변경]−[상품등록]을 클릭하여 아래의 [필수] 항목을 중심으로 입력한 후에 [등록하기]를 클릭하면 된다.

① 등록마켓
② 등록 ID
③ 카테고리
④ Shop 카테고리
⑤ 상품명
⑥ 모델명
⑦ 상품타입
⑧ 판매기간
⑨ 상품상태
⑩ 판매가격
⑪ 재고수량
⑫ 상품이미지
⑬ 상품상세설명: 국문 상세설명, 상품정보 입력영역
⑭ 배송정보 설정: 발송정책, 배송방법, 배송비 설정
⑮ 상품정보고시
⑯ 리스팅 부가서비스
⑰ 광고프로모션

참고 옥션, G마켓에서 상품 판매의 과정에서 문제가 발생했을 경우에는 판매자 상담센터(G마켓/G9: 1566−5707, 옥션: 1588−6345)를 이용하면 된다.

4. 옥션 스토어 및 G마켓 미니샵 개설

(1) 옥션 스토어 개설

옥션에서 스토어(store)를 개설하면 독립적인 스토어 주소를 만들 수 있는데, 이것은 옥션 내에서 나만의 전자상거래 사이트 혹은 인터넷쇼핑몰을 운영하는 것과 거의 동일하다고 할 수 있다. 옥션에서 스토어(store)를 개설하는 절차는 다음과 같다([그림 5-5] 참고).

① 옥션에 로그인한 후에 맨 상단에 있는 본인의 이름을 클릭한다.

② 홈 > 회원정보 > 회원전환에서 [스토어 정보]를 입력하면 된다.

[예] https://memberssl.auction.co.kr/Membership/Signup/TransferStatus.aspx

[예] 대구경북마트(http://stores.auction.co.kr/tkmart)

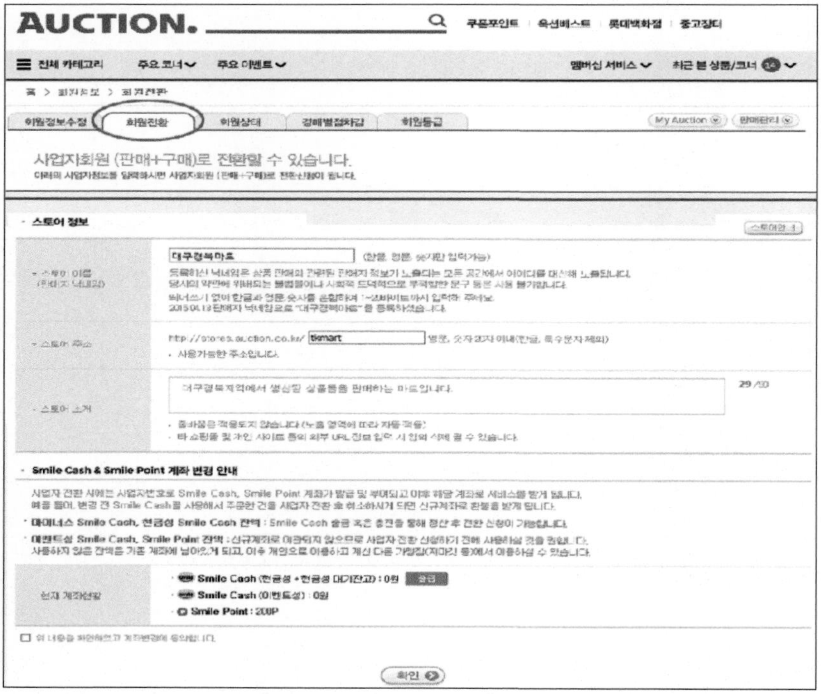

그림 5-5 옥션 스토어 개설

(2) G마켓 미니샵 개설

G마켓의 미니샵(minishop)은 [판매자 서비스]-[ESM PLUS(통합판매툴)]-[미니샵/스토어 관리]에서 [정보관리]-[기본정보 관리]를 클릭한 후에 오른편 상단에 있는 G마켓 아이디를 클릭하여 만들 수 있다([그림 5-6] 참고). 또한, 여기에서 옥션 아이디를 클릭하여 스토어(store)를 개설할 수도 있다.

[예] 대구경북마트(http://minishop.gmarket.co.kr/tkmart)

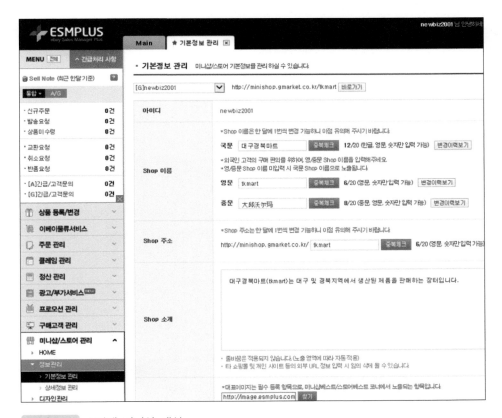

그림 5-6 G마켓 미니샵 개설

5. ESMPLUS 및 G마켓·옥션 판매자 교육사이트

G마켓과 옥션을 활용하여 상품을 판매하고자 하는 인터넷창업자들이 알아야 하는 것들을 다음과 같다.

첫째, ESMPLUS는 Ebay Sales Manager Plus의 약어로서 G마켓과 옥션을 통합하여 관리할 수 있는 툴(tool)인데, G마켓과 옥션에 판매자로 가입하면 ESMPLUS를 통해 상품등록과 주문관리를 진행할 수 있다 (샵마인, 2019.8.21.).

[주소] https://www.esmplus.com/Member/SignIn/LogOn

둘째, G마켓·옥션 판매자 교육사이트(www.ebayedu.com/mainMenu)에서는 G마켓과 옥션에서 상품을 판매할 수 있는 모두 실무교육을 실시하고 있다. 예를 들어, 상품등록, 주문관리 뿐만 아니라 키워드 광고 같은 마케팅 까지 무료로 배울 수 있다.

[주소] https://www.ebayedu.com/mainMenu

셋째, 위에서도 언급하였듯이 G마켓·옥션 판매교육센터(rpp.gmarket. co.kr/?exhib=47084, 혹은 rpp.auction.co.kr/?exhib=47129)에서 아래와 같은 다양한 강좌들을 제공하고 있다.

① G마켓 옥션 판매 준비하기
② G마켓 옥션 상품 등록하기
③ G마켓 옥션 상세페이지 제작하기
④ G마켓 옥션 판매 운영 관리하기
⑤ G마켓 옥션 랭킹시스템 이해하기
⑥ G마켓 옥션 판매자 광고 이해하기
⑦ G마켓 옥션 CPC광고(파워클릭) 등록하기

6. 옥션 및 G마켓을 활용한 전자상거래의 성공전략

국내 대표적인 오픈마켓(open market)에는 마치 사막에서 오아시스를 찾으려는 사람들처럼 성공신화를 쫓는 예비창업자들이 몰려들고 있다. 그렇지만, 적어도 90% 이상은 한 달 평균 30만원도 벌지 못하고 떠나고 있는데, 그 원인을 잘 살펴보면 상품을 등록하고 판매하는 데에만 신경을 쓴다는 것이다. 이에 따라 오픈마켓 창업에서의 성공전략을 살펴보면 다음과 같다(파이낸스투데이, 2022.3.3.).

① 우수 판매자들의 상품을 많이 구매해 보는 것이 필요하다. 경매에도 참여하면서 구매를 해 봐야 잘 판매하는 방법을 배울 수 있다는 것이다. 특히 우수 판매자들의 물품 상세페이지를 열심히 보면서 포토샵 작업을 어떻게 했는가를 분석해야 한다.

② 판매할 제품을 잘 개발해야 한다. 월별, 계절별로 판매할 다양한 아이템을 개발해야 하는데, 그렇게 하기 위해서는 국내 및 해외 도매사장에 대한 조사를 지속적으로 해야 한다. 초보판매자는 현재 보유하고 있는 상품의 판매에만 신경을 쓰지만, 우수 판매자들은 다음 달 혹은 몇 달 후에 판매할 상품의 개발에 많은 시간을 보낸다는 것이다.

③ 판매할 제품의 조달이 잘 되어야 한다. 안정적인 가격에 지속적으로 조달이 되어야 한다는 것인데, 이를 위해서는 제조 및 도매상인들과의 인맥형성이 잘 되어 있어야 한다.

④ 판매할 제품의 전문가가 되어야 한다. 즉, 자신이 잘 알고 있는 제품을 판매해야 한다. 다른 판매자들이 잘 팔고 있는 상품보다는 창업자가 자신 있는 상품을 개발하여 차별화를 시키는 것이 더 중요하다는 것이다.

⑤ 다른 판매자들을 꾸준히 접촉하고 교류한다. 온라인 및 오프라인에서의 창업카페에 가입하여 모임이 자주 참석하다 보면 좋은

정보를 얻을 수 있고 또한 기존 판매자의 상품도 좋은 조건에 공급받을 수 있다.

⑥ 부담 없이 누구나 구매할 수 있는 아이템을 판매하는 것이 좋은데, 특별한 아이템에는 구매자가 적다는 것을 생각해야 한다. 특히 초보창업자의 경우에는 대중적인 아이템 중에서 가격, 품질 등에서 경쟁력이 있는 제품을 선택하는 것이 필요하다.

⑦ 옥션, G마켓, 11번가 등에서의 상품등록은 무지 쉽다. 포토샵 작업은 어느 정도의 실력이 필요하지만, 돈을 주고 포토샵 작업을 해도 된다는 것이다. 그렇기 때문에 집에 있는 중고상품 혹은 1,000원 상품을 구매한 후에 일단 등록하여 판매를 해 보는 것이 중요하다는 것이다.

> **참고** 도메인 포워딩(domain forwarding): 인터넷 주소 창에 도메인을 입력하는 경우에 입력한 도메인이 아닌 www로 시작되는 도메인이 뜨면서 해당 사이트로 접속되도록 하는 것을 말하는데(Daum 백과, 100.daum.net), minishop.gmarket.co.kr/tkmart를 www로 시작되는 사이트로 접속이 되도록 도메인을 판매하는 사이트의 [포워딩 관리] 메뉴에서 바로 할 수 있다.

YouTube 채널 : 맛따라 · 길따라 · 창업

유튜브(YouTube)에 등록되어 있는 [제5장 옥션 및 G마켓을 활용한 전자상거래 창업하기]와 관련된 동영상 강좌는 다음과 같다.

① 오픈마켓(옥션)의 이해 및 성공전략
② G마켓의 상품등록 및 판매
③ 옥션 상품등록 및 판매
④ 옥션/G마켓 창업의 매출증대 전략
⑤ 옥션/G마켓창업의 준비
⑥ 옥션/G마켓 창업의 성공전략

구글 블로그를
활용한 전자상거래
창업하기

CHAPTER 16

구글 블로그를 활용한 전자상거래 창업하기

1. 블로그의 개념 및 종류

블로그(blog)는 웹(web)과 로그(log)의 합성어로 개인의 생각과 경험, 알리고 싶은 견해나 주장, 나아가 전문지식 등을 웹에다 일기처럼 기록해 다른 사람들도 보고 읽고 댓글을 달수 있게끔 열어 놓은 글모음을 말한다(네이버 지식백과, terms.naver.com). 국내 주요 블로그 서비스로는 네이버 블로그, 티스토리, 이글루스 등이 있으며, 글로벌 서비스로는 워드프레스 닷컴, 라인 블로그(일본), 구글 블로거(blogger) 등이 있으며(국제신문, 2022.10.18.), 많은 사람들이 개설하여 사용하고 있는 블로그는 다음과 같다.

① 네이버 블로그(blog.naver.com)
② 다음 블로그(티스토리, www.tistory.com)
③ 구글 블로그(www.blogger.com)
④ 이글루스(www.egloos.com)

한편, 네이버 블로그의 경우에는 2022년에 약200만개 블로그가 새롭게 생성됐으며, 전체 블로그 수는 총3,200만개로 집계되었다. 또한 네이버 블로그 신규 사용자 중 10대부터 30대까지 젊은 세대가 전체의 76%에 달했다고 한다(뉴시스, 2022.12.13.). 하지만, 다음 블로그(blog.daum.net)는 2022년 9월 30일자로 종료되었으며, 2006년 5월에 개설되어 2007년 7월부터 다음(Daum)이 모든 운영권을 가지게 된 티

스토리(tistory)로 통합되어 운영되고 있다. Tistory는 tatter tools(태터 툴즈)＋history의 합성어이며, 태터툴즈(tatter tools)는 블로그를 만들 수 있도록 하는 프로그램을 말한다.

2. 구글 블로그의 개설

구글 블로그를 개발하는 절차에 대해서는 Blogger 고객센터에 있는 [블로그 만들기]에서 아래와 같이 확인할 수 있는데, 구체적인 것은 아래의 웹 사이트 주소에서 확인할 수 있다.

[웹 사이트 주소] support.google.com/blogger/answer/1623800?hl＝ko

① Blogger(www.blogger.com)에 로그인한다.
② 왼쪽에서 아래쪽 화살표 아래쪽 화살표를 클릭한다.
③ 새 블로그를 클릭한다.
④ 블로그 이름을 입력한다.
⑤ 다음을 클릭한다.
⑥ 블로그 주소 또는 URL을 선택한다.
   ([예] https://newbiz2001.blogspot.com)
⑦ 저장을 클릭한다.

한편, 구글 블로그를 만든 후에는 아래와 같은 몇 가지의 작업이 추가로 필요하며([그림 6－1] 참고), 구글 블로그를 활용하여 전자상거래 창업을 하기 위해서는 수시로 다양한 컨텐츠를 등록하여 네티즌들이 자주 방문하도록 해야 한다.
   ① 블로그 홈(www.blogger.com/home)에서 Theme을 클릭한 후에 테마(예: Simple Bold)를 선택한다.

② 포토샵으로 직접 만든 블로그의 헤더(Header) 이미지를 등록해야 하는데, [Layout]−[Header]에서 등록하면 된다.

③ 프로필을 등록해야 하는데, Edit User Profile(www.blogger.com/edit−profile.g)에서 등록하면 된다.

④ 블로그에 다양한 컨텐츠를 등록하기 위해서는 블로그 홈의 왼쪽 상단에 있는 [＋NEW POST]를 클릭하여 등록하면 된다.

그림 6-1　구글 블로그

참고 구글 블로그의 장점과 단점(Rohn's Warehouse, 2023.6.23.)

(1) 장점

① 전 세계에 널리 알려진 플랫폼

② 구글 검색 엔진에 최적화

③ 구글의 다른 서비스와의 통합이 용이(예 > YouTube)

④ 구글 애드센스 등을 통한 광고수익의 창출이 가능

(2) 단점

① 한국에서 네이버 블로그와 비교했을 때 상대적으로 낮은 인지도

② 블로그 디자인 수정이 제한적

③ 블로그 사용에 대한 부족한 설명 및 가이드

3. 다른 웹 사이트의 링크가 포함된 페이지 만들기

구글 블로그에서는 기업에서 운영하고 있는 다른 웹 사이트의 링크 (link)가 포함된 페이지를 아래의 순서로 만들 수 있는데([그림 6-2] 참고), 그것은 구글 블로그에서 HTML 명령어를 활용하여 다른 웹 사이트로 링크가 되도록 할 수 있다는 것을 의미이다.

① Blogger(www.blogger.com)에 로그인한다.

② 왼쪽 상단에서 블로그(B)를 선택한다.

③ 왼쪽 메뉴에서 Layout(레이아웃)을 클릭한다.

④ 페이지를 표시하려는 섹션([예] Cross-Column)에서 가젯 추가 (Add a Gadget)를 클릭한다.

⑤ HTML/JavaScript를 클릭한 후에 Title 및 Content를 작성하면 되는데, Content에서는 HTML 명령어를 활용하여 홍보하고 싶은 다른 웹 사이트들의 링크를 추가하면 된다. 아울러 이미지 호스팅 사이트에 등록된 이미지도 <img src=""> 명령어를 활용하여 불러올 수 있다.

⑥ SAVE를 클릭하여 저장한다.

⑦ View blog를 클릭하여 블로그에서 다른 웹 사이트들에 대해 정 상적으로 링크가 되는지를 확인한다.

그림 6-2 링크가 포함된 페이지 만들기

한편, [그림 6-2]에서는 HTML 명령어를 활용하여 홍보하고 싶은 Daum카페, Naver카페, 구글 블로그, 밴드 및 인스타그램에 대한 링크 를 추가하였다. 또한 이미지 호스팅 사이트에 등록된 상품이미지를 <img src=""> 명령어를 활용하여 불러온 후에 이미지를 클릭하면 상품을 구매할 수 있는 전자상거래 사이트 혹은 인터넷쇼핑몰의 상품 구매 페이지로 링크가 되도록 만들어 볼 수 있다.

[그림 6-2]에서 만들어 본 링크가 포함된 페이지는 아직은 미완성 이지만, 구글 블로그에서는 포토샵 이미지, HTML 명령어 및 이미지 호스팅 사이트의 3가지를 활용하여 기업에서 개발하여 운영하고 있는 모든 전자상거래 사이트들과의 연동이 가능하다. 이를 활용하여 기업 의 홍보뿐만 아니라 상품판매의 효과를 극대화시킬 수 있다.

4. 구글 블로그로 전자상거래 사이트 만들기

위에서 설명한 [다른 웹 사이트의 링크가 포함된 페이지 만들기]를 활용하면, 구글 블로그를 홈페이지형 블로그 혹은 전자상거래 창업을 하기 위한 사이트의 개발 및 운영도 가능하다. 이를 위해서는 다음과 같은 방법으로 진행하면 된다.

① 포토샵으로 상품이미지를 만들어서 상품 이미지 호스팅 사이트에 등록한 후에 <img src="이미지 주소"> 명령어를 사용하여 구글 블로그에 불러와서 보여준다.

② 구글 블로그에 불러온 상품이미지를 클릭하면, HTML 명령어를 활용하여 구글 블로그에 등록한 상품판매 포스트 혹은 외부의 전자상거래 및 인터넷쇼핑몰의 상품구매 페이지로 링크(link)시키면 된다. 하지만, 구글 블로그에서 상품판매를 하기 위해서는 제9장의 [(7) 카페(cafe) 및 SNS를 활용하기]에서 제시하는 결제서비스를 활용하는 것이 필요하다.

③ 홍보 및 판매하고 싶은 상품이 많은 경우에는 TABLE 명령어를 활용하여 [그림 6-2]에서와 같이 전자상거래 혹은 인터넷쇼핑몰의 메인 화면처럼 만들면 된다.

④ 위에서 설명한 3가지(①, ② 및 ③)를 효과적으로 진행하기 위해서는 제2장에서 설명하고 있는 포토샵과 HTML 명령어를 활용하면 되는데, 특히 [3. 포토샵 이미지를 서버에 등록하기]를 효과적으로 활용하는 것이 중요하다.

참고 [그림 6-2]에서와 같이 다른 웹 사이트의 링크가 포함된 페이지 만들기를 만들 때에는 구글 블로그에 등록되어 있는 판매상품 포스트에 대해 링크를 시킬 수도 있고 외부 전자상거래 사이트에 등록되어 있는 상품의 구매 페이지로 링크시킬 수도 있다. 또한 네이버 카페(cafe)의 메인페이지와 같이 활용할 수도 있다.

YouTube 채널 : 맛따라 · 길따라 · 창업

유튜브(YouTube)에 등록되어 있는 [제6장 구글 블로그를 활용한 전자상거래 창업하기]와 관련된 동영상 강좌는 다음과 같다.

① (네이버 및 구글)블로그 만들기
② 네이버(Naver) 및 구글(Google) 블로그 만들어서 운영하기

홈페이지형 블로그를
활용한 전자상거래
창업하기

홈페이지형 블로그를 활용한 전자상거래 창업하기

1. 홈페이지형 블로그의 개요

블로그 중에는 홈페이지형 블로그가 있는데, 홈페이지형 블로그는 홈페이지와 블로그의 합성어로 홈페이지 느낌이 있는 디자인의 블로그 혹은 창업기업의 홈페이지와 같이 사용할 수 있는 블로그(blog)를 말한다. 기존 홈페이지에 비해 상대적으로 가격이 저렴하고 관리가 쉽다는 것이 홈페이지형 블로그의 가장 큰 장점이다(브릿지경제, 2017.8.9.).

또한 홈페이지형 블로그는 홈페이지 대용으로 사용 가능한 고급형 블로그를 의미하는데(data-flow.co.kr/marketing/homeblog), 홈페이지에 버금가는 디자인과 기능을 구현한 새로운 소셜 미디어 형태를 만드는 작업이 필요하다(더퍼블릭, 2020.6.16.).

한편, 2003년 10월 13일에 서비스를 처음으로 개시한 네이버 블로그를 활용하여 홈페이지 대용으로 사용 가능한 고급형 블로그를 만들 수 있는 방법에 대해서는 아래의 사이트에서 자세하게 설명하고 있다.

① How to(how-to-learn.tistory.com)

ⓐ 홈페이지형 네이버 블로그 만들기(블로그 디자인 기획)

ⓑ 홈페이지형 네이버 블로그 만들기(디자인)

ⓒ 홈페이지형 네이버 블로그 만들기(제작하기)

② 홈페이지형 블로그의 제작 및 운영 관련 강좌 혹은 자료

ⓐ 30분만에 홈페이지형 블로그 만들기(youtu.be/RJCM_oHqSIs)

ⓑ 홈페이지형 블로그 쉽게 만들기(www.youtube.com/@userkr1hu8he1r)

ⓒ 홈페이지형 블로그 만들기(creative-soul.tistory.com)

2. 홈페이지형 블로그 개발의 고려사항

네이버 블로그를 활용하여 홈페이지형 블로그를 개발할 때에는 먼저 홈페이지형 블로그의 용도 혹은 목적을 먼저 생각해야 하는데, 이것은 만들어야 하는 포토샵 이미지, 사용해야 하는 HTML 명령어 및 이미지호스팅 사이트의 활용 방법에 직접적으로 영향을 미치기 때문이다.

① 홍보의 목적으로 개발하는 홈페이지형 블로그인가? 홍보의 목적이라면, 다음의 두 가지 중에서 한 가지 방법을 생각해야 한다.
   ⓐ 블로그 내에 모든 홍보 컨텐츠(텍스트, 이미지 및 동영상)를 등록할 것인가?
   ⓑ 외부 사이트와 연계하여 다양한 홍보 컨텐츠(텍스트, 이미지 및 동영상)를 제공할 것인가?
② 홍보뿐만 아니라 상품판매를 함께 진행하는 홈페이지형 블로그인가? 홍보뿐만 아니라 상품판매를 동시에 진행하는 홈페이지형 블로그의 경우에는 다음의 두 가지를 고려해야 할 것이다.
   ⓐ 블로그 내에서만 상품의 홍보 및 판매를 진행할 것인가?
   ⓑ 블로그 및 외부의 전자상거래 사이트를 함께 활용하여 상품판매를 진행할 것인가?

3. 전자상거래 창업을 위한 홈페이지형 블로그의 개발

요즈음 네이버 블로그의 포스팅 생산량이 역대 최고치를 돌파하고 있으며(더퍼블릭, 2020.6.16.), 이에 따라 온라인 마케팅을 고려 중인 많은 사업장에서도 홈페이지형 네이버 블로그를 제작해 사업장을 어필하고 하고 있는 실정이다. 또한 홈페이지형 네이버 블로그는 온라인 마케팅 중에서도 전자상거래 창업을 하기 위한 목적으로도 활용되고 있는 실정이며, 이를 위해서는 두 단계로 구분하여 진행하는 것이 필요하다.

① 먼저 네이버 블로그를 개발한다.

② 위젯(widget)을 활용하여 전자상거래 창업을 할 수 있는 홈페이지형 네이버 블로그를 개발한다.

(1) 네이버 블로그의 개발

위에서도 언급하였듯이 홍보를 목적으로 개발하거나 홍보 및 상품 판매를 동시에 진행하는 홈페이지형 블로그의 목적에 상관없이 개발 절차에는 큰 차이가 없다고 할 수 있다. [그림 7-1]은 저자가 개발하고 있는 홈페이지형 네이버 블로그인데, 먼저 블로그 개발의 주요 내용 및 절차를 설명하면 아래와 같다.

① [타이틀]-[디자인]-[직접등록]-[파일등록]에서 포토샵으로 제작한 타이틀 이미지(가로 966px, 세로 50~600px)를 등록하였다.

② [카테고리 관리·설정]에서 블로그의 [카테고리 추가]를 클릭한 후에 좌측에 있는 25개의 카테고리를 설정하였다.

③ [상단메뉴 설정]-[상단 메뉴 지정]에서 타이틀 이미지 바로 아래의 상단 메뉴에 배치할 4개의 블로그 카테고리(김영문교수 창업학, 창업학 동영상강좌, 창업길라잡이, 인생역전/성공신화)를 선택하였다. 참고로 블로그 카테고리를 상단 메뉴에 배치하여 방문자들이 더 쉽고 편리하게 찾아볼 수 있도록 하며, 블로그 카테고리는 합쳐서 최대 4개까지 선택할 수 있다.

④ [블로그 정보]에서 포토샵으로 만든 138×408 크기의 [블로그 프로필 이미지]를 오른쪽에 등록하였다.

⑤ [관리]-[꾸미기 설정]-[세부 디자인 설정]에서 오른쪽의 [전체

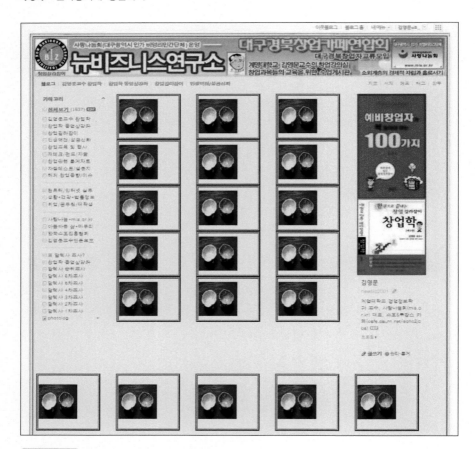

그림 7-1   홈페이지형 네이버 블로그

박스]−[디자인]−[스타일]에서 하나를 선택한 후에 [적용]을 클릭한다.

(2) 위젯(widget)을 활용한 홈페이지형 네이버 블로그의 개발

위에서 홈페이지형 네이버 블로그를 개발하기 전에 기본적인 네이버 블로그를 개발하는 방법 및 절차에 대해 설명하였으며, 지금부터는 위젯(widget)을 사용하여 전자상거래 창업을 할 수 있는 홈페이지형 네이버 블로그를 개발하는 절차에 대해 구체적으로 설명할 것이다.

① [네이버 블로그]-[내 메뉴]-[스킨변경]에서 스킨을 선택해야 하는데, 저자는 [솜사탕]을 선택한다.

② [내 메뉴]-[세부 디자인 설정]-[레이아웃 변경]을 클릭한 후에 레이아웃을 셋팅하게 되는데, 이를 위해서는 먼저 [타이틀]에 있는 엑스(×)를 클릭한다. 하지만, [타이틀]이 그대로 있는 상태에서 [그림 7-2]에서 만든 위젯(widget)을 마우스로 끌어서 [그림 7-3]에서와 같이 [메뉴 형태] 바로 아래에 배치될 수 있으면 [타이틀]에 있는 엑스(×)를 굳이 클릭하지 않아도 된다.

③ 오른쪽 하단에 있는 [+위젯직접등록] 메뉴에서 위젯을 만들어서 등록해야 하는데, 홍보 혹은 전자상거래 창업을 하고 싶은 내용에 따라 HTML 명령어, 포토샵 이미지 및 이미지 호스팅 사이트를 활용하면 된다. 예를 들어, [+위젯직접등록]을 클릭한 후에 [그림 7-2]에서 아래와 같이 설정한다.

    ⓐ 위젯명에는 등록할 위젯의 이름을 입력하면 되는데, 8개의 위젯을 만든다고 생각하면 그냥 a1…a8을 입력해도 된다.

    ⓑ [위젯코드입력]에는 아래 형식의 HTML 명령어를 입력한다. 아래의 HTML 명령어는 이미지 호스팅 사이트에 있는 이미지를 불러온 후에 클릭하면 상품을 구매할 수 있는 네이버 블로그에 등록한 상품판매 포스트 혹은 외부의 전자상거래 및 인터넷쇼핑몰의 상품구매 페이지로 링크시키면 되는데, [제2절 HTML의 이해와 활용]에 있는 HTML 명령어로 만들면 된다.

```
<table width=150 height=120 border=3>
<tr><td>
<a href="사이트 주소" target=win1>
<img src="이미지 호스팅 사이트에 있는 이미지 주소" width="90"
height="90">
</a>
```

</td></tr>
</table>

ⓒ [그림 7-2]에서의 [위젯코드입력]은 홈페이지형 블로그의 용도 혹은 목적에 따라 달라지게 된다. 또한 블로그 내에 있는 등록되어 있는 컨텐츠(텍스트, 이미지 및 동영상)로 링크를 할 때에 [사이트 주소]는 블로그에 등록한 컨텐츠의 오른쪽 상단에 자동으로 만들어지는 URL (uniform resource locator) 복사를 사용하면 된다.

참고 바로 위의 HTML 명령어에서 [사이트 주소]는 네이버 블로그에 등록되어 있는 상품구매 포스트(post)의 주소뿐만 아니라 외부 전자상거래 사이트의 상품구매 페이지의 주소를 사용하여 링크시킬 수도 있다. 또한 홈페이지형 네이버 블로그를 [그림 7-1]과 같이 만들게 되면, 메이크샵으로 만든 인터넷 쇼핑몰, 네이버 카페를 활용한 전자상거래 사이트, 옥션의 스토어 및 G마켓의 미니샵, 구글 블로그를 활용한 전자상거래 사이트 등을 연동시켜서 전자상거래 사이트의 개발 및 운영이 가능하게 된다.

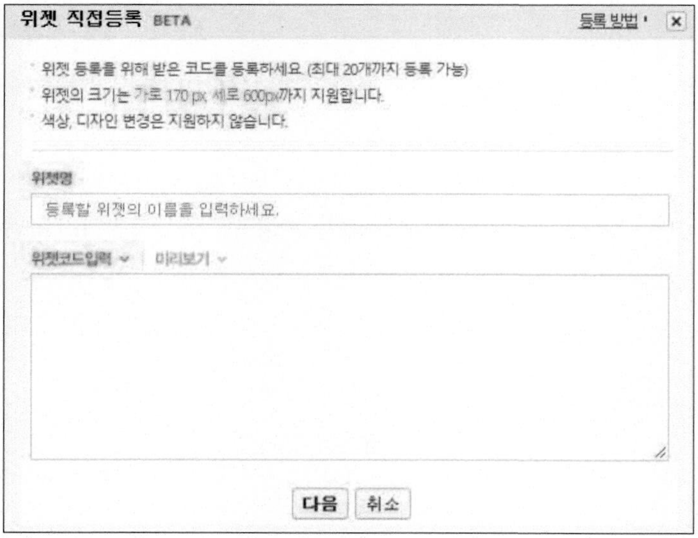

그림 7-2 위젯 직접 등록

④ [그림 7-1]에서 보면 8개의 위젯(a1부터 a8까지의 8개 위젯)을 만들어서 [그림 7-3]와 같이 배치를 하였는데, 이를 위해서는 위에서 설명한 것과 같이 [+위젯직접등록]을 클릭한 후에 HTML 명령어, 포토샵 이미지 및 이미지 호스팅 사이트를 활용하여 [그림 7-2]에서와 같이 8개의 위젯을 만들면 된다.

⑤ [그림 7-2]에서 만든 8개의 위젯은 [그림 7-3]의 [글 영역] 아래에 자동 배치가 되는데, 마우스로 끌어서 [그림 7-3]에서와 같이 [메뉴 형태] 바로 아래에 배치시키면 된다.

⑥ [그림 7-3]의 오른편에 있는 [메뉴사용설정]-[타이틀]을 클릭하여 타이틀 이미지가 [메뉴 형태] 바로 위에서 다시 보이도록 한다.

⑦ [그림 7-3]의 맨 아래에 있는 [미리보기]를 클릭하여 8개의 위젯이 정상적으로 배치가 되어 전자상거래 창업하기를 위한 홈페이지형 네이버 블로그의 개발이 완료되었다고 판단되면 [적용]을 클릭하면 된다.

한편, 네이버 블로그에서와 같이 위젯(widget)을 만들 수 없는 경우에는 구글 블로그에서의 가젯 추가(Add a Gadget)를 활용하여 홈페이지형 블로그를 만들면 된다. 구글 블로그에서는 앞에서 설명한 [다른 웹 사이트의 링크가 포함된 페이지 만들기]를 활용하여 홈페이지형 블로그를 만들 수 있는데, 위젯(widget)은 사용할 수 없더라도 포토샵 이미지, HTML 명령어 및 이미지 호스팅 사이트의 3가지를 사용할 수 있으면 얼마든지 가능하다. 또한 홍보뿐만 아니라 상품의 판매도 가능한 전자상거래 사이트 혹은 인터넷쇼핑몰을 얼마든지 개발할 수 있다.

사실, 구글 블로그 혹은 네이버 블로그에서는 다양한 기능을 제공하고 있어서 단순히 홍보 사이트의 개발 및 운영뿐만 아니라 홍보 사이트를 응용한 전자상거래 사이트 혹은 인터넷쇼핑몰의 개발 및 운영이 가능하다는 특징이 있다. 따라서 기업의 성격 혹은 목적에 따라 홍보의 목적으로 활용할 것인가 혹은 전자상거래의 목적으로 활용할 것인가를 결정하면 될 것이다.

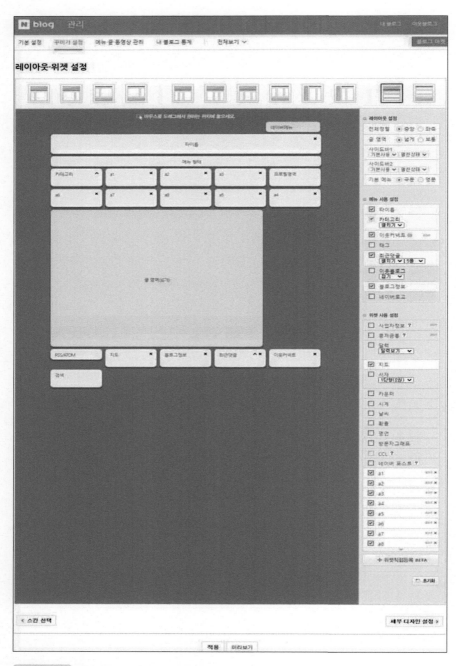

그림 7-3 위젯을 활용한 홈페이지형 네이버 블로그의 개발

참고 포털사이트 네이버에서 검색하여 찾은 홈페이지형 블로그 제작 전문기업들은 다음과 같다. 이러한 전문기업들이 제작한 다양한 홈페이지형 블로그들을 벤치마킹(benchmarking)하면서 HTML 명령어, 포토샵 이미지 및 이미지 호스팅 사이트를 어떻게 활용하는지를 살펴보는 것은 기업의 경영성과 향상에 도움이 되는 홈페이지형 블로그의 개발 및 운영에 많은 도움이 될 것이다.

① 퍼스트블로거(www.firstblogger.co.kr)

② 에이디커뮤니케이션(www.adcomm.kr)

③ 고르다 Design(gorda.kr)

④ 김가네마케팅세상(www.k−marketing.co.kr)

상품판매 사이트를
결합한 전자상거래
창업하기

8 상품판매 사이트를 결합한
전자상거래 창업하기

1. 상품판매 사이트를 결합한 전자상거래의 개념

네이버(Naver) 혹은 다음(Daum)의 카페(cafe)를 운영하고 있는 카페지기(카페운영자)가 인터넷쇼핑몰을 개발하여 운영하고 있거나 옥션, G마켓, 이베이(eBay) 등에 상품을 등록하여 판매하고 있을 때에는 카페(cafe)를 다음과 같은 방법으로 인터넷쇼핑몰 혹은 전자상거래 사이트와 같이 결합하여 운영할 수가 있다.

① 카페(cafe) 대문에 노출할 상품이미지들을 105×105 크기로 만들어서 상품이미지 호스팅 사이트에 모두 등록한다.

② '제4장 네이버 카페(cafe)를 활용한 전자상거래 창업하기'에서 설명한 HTML 명령어를 사용하여 한 줄에 4−5개의 상품이미지들을 불러온 후에 TABLE 명령어들을 활용하여 인터넷쇼핑몰 형태로 만들면 된다. 이 때에 상품이미지 호스팅 사이트에 등록되어 있는 105×105 크기의 상품이미지들을 HTML 명령어를 사용하여 불러와야 한다.

③ 상품판매 사이트의 이미지(혹은 사이트의 이름) 및 상품구매 페이지의 주소를 활용하여 아래와 같이 HTML 명령어로 만들면 된다. 먼저, 상품판매 사이트의 이미지를 클릭하면, 상품구매 페이지로 링크(link)시키는 경우에는 아래의 형식으로 HTML 명령어를 만들면 된다.

```
<td>
<a href="상품판매 사이트(인터넷쇼핑몰, 카페, G마켓, 이베이)의 상품
구매 페이지 주소(URL)">
<img src="상품이미지 호스팅 사이트에 등록되어 있는 상품판매 사이
트(인터넷쇼핑몰/카페/G마켓/이베이)의 이미지 주소(URL)">
</a>
</td>
```

위에서 상품이미지 호스팅 사이트에 등록되어 있는 상품판매 사이
트(인터넷쇼핑몰/카페/G마켓/이베이)의 이미지는 먼저 많은 고객들이 주
로 이용하는 상품판매 사이트를 선정한 후에 구매 고객이 쉽게 확인
할 수 있도록 만드는 것이 필요하다. 이를 위해서는 국내 소비자들의
소비성향 및 선호하는 전자상거래 사이트들에 대한 조사 및 분석도
필요할 것이다.

하지만, 상품판매 사이트의 이름을 클릭하여 상품구매 페이지로 링
크(link)시키는 경우에는 아래의 형식으로 HTML 명령어를 만들어야
한다.

```
<td>
<a href="상품판매 사이트(인터넷쇼핑몰, 카페, G마켓, 이베이)의 상품
구매 페이지 주소(URL)">
<font size=3 color=blue>상품판매 사이트의 이름(인터넷쇼핑몰/카페
/G마켓/이베이)</font>
</a>
</td>
```

요약하면, 상품판매 사이트들을 결합한 전자상거래 창업은 카페(cafe)
에서 카페지기가 상품을 판매하고 있는 인터넷쇼핑몰, 옥션, G마켓,
이베이 등의 상품구매 페이지로 바로 접속을 할 수 있도록 HTML 명
령어를 사용하여 링크(link)를 제공하는 것이라고 생각하면 된다. 즉,
다양한 전자상거래 사이트에 대한 링크를 제공함으로써 구매자들은 상

품구매를 원하는 전자상거래 사이트에서 상품을 구매를 할 수 있으며, 이를 통하여 구매자의 만족도 및 매출을 증가시킬 수 있을 것이다.

2. 상품판매 사이트를 결합한 전자상거래의 HTML 명령어

창업자가 상품들을 여러 전자상거래 사이트에 등록하여 판매를 하고 있다면, [그림 8-1]과 같이 판매하고 있는 상품이미지 아래에 상품을 구매할 수 있는 여러 사이트 이름(혹은 사이트 이미지)들을 동시에 보여주는 것이 필요하다. 또한, 구매자들은 평소에 자주 이용하는 전자상거래 사이트의 이미지(혹은 사이트 이름)을 클릭하여 상품을 구매하면 된다.

한편, [그림 8-1]에서 ①, ②, ③, ④은 상품을 구매할 수 있는 전자상거래 사이트의 이미지(혹은 사이트 이름)라고 생각하면 되는데, 예를 들어 ①의 이미지(혹은 사이트 이름)를 클릭하면 인터넷쇼핑몰의 상품구매 페이지, ②의 이미지(혹은 사이트 이름)를 클릭하면 카페(cafe)의 상품구매 페이지, ③의 이미지(혹은 사이트 이름)를 클릭하면 G마켓의 상품구매 페이지, 그리고 ④의 이미지(혹은 사이트 이름)를 클릭하면 이베이(eBay)의 상품구매 페이지로 링크(link, 접속)가 되도록 HTML 명령어로 만들면 될 것이다. 이렇게 함으로써 판매자 혹은 구매자에게 줄수 있는 효과는 다음과 같다.

첫째, 상품 판매자는 다양한 전자상거래 사이트에 상품을 등록하고 또한 관리할 수 있을 뿐만 아니라 판매하고 있는 상품들의 홍보효과를 높일 수 있다. 또한 상품의 판매망(sales network)의 확대를 통해 매출 상승을 기대할 수 있다.

둘째, 상품 구매자들의 경우에는 평소에 구매자가 주로 이용하는 전자상거래 사이트에서 상품을 구매할 수 있을 뿐만 아니라 구매자의 선택권이 확대되기 때문에 구매자들의 만족도가 향상될 수 있다.

상품이미지	상품이미지	상품이미지	상품이미지
① ② ③ ④	① ② ③ ④	① ② ③ ④	① ② ③ ④

그림 8-1   복수의 전자상거래 사이트로의 연결

　　한편, [그림 8-1]에서 ①, ②, ③, ④를 인터넷쇼핑몰, 네이버 카페 (cafe), G마켓, 그리고 이베이(eBay)의 이미지(혹은 사이트 이름)라고 가 정하고 HTML 명령어로 구현하면 다음과 같은데, 제2장에서 설명하고 있는 HTML 명령어를 활용하여 만들면 된다.

```
<table border=0>
<tr>
<td>
<img src="상품1의 이미지 주소(URL)">
</td>
<td>
<img src="상품2의 이미지 주소(URL)">
</td>
<td>
<img src="상품3의 이미지 주소(URL)">
</td>
<td>
<img src="상품4의 이미지 주소(URL)">
</td>
</tr>
<tr>
```

```
<td>
<a href="상품1의 인터넷쇼핑몰 상품구매 페이지 주소(URL)">
<img src="상품이미지 호스팅 사이트에 등록되어 있는 인터넷쇼핑몰
이미지의 주소(URL)"></a> │
<a href="상품1의 카페(cafe) 상품구매 페이지 주소(URL)">
<img src="상품이미지 호스팅 사이트에 등록되어 있는 카페(cafe) 이미
지의 주소(URL)"></a> │
<a href="상품1의 G마켓 상품구매 페이지 주소(URL)">
<img src="상품이미지 호스팅 사이트에 등록되어 있는 G마켓 이미지의
주소(URL)"></a> │
<a href="상품1의 이베이 상품구매 페이지 주소(URL)">
<img src="상품이미지 호스팅 사이트에 등록되어 있는 이베이 이미지
의 주소(URL)"></a>
</td>
<td>
<a href="상품2의 인터넷쇼핑몰 상품구매 페이지 주소(URL)">
<img src="상품이미지 호스팅 사이트에 등록되어 있는 인터넷쇼핑몰
이미지의 주소(URL)"></a> │
<a href="상품2의 카페(cafe) 상품구매 페이지 주소(URL)">
<img src="상품이미지 호스팅 사이트에 등록되어 있는 카페(cafe) 이미
지의 주소(URL)"></a> │
<a href="상품2의 G마켓 상품구매 페이지 주소(URL)">
<img src="상품이미지 호스팅 사이트에 등록되어 있는 G마켓 이미지의
주소(URL)"></a> │
<a href="상품2의 이베이 상품구매 페이지 주소(URL)">
<img src="상품이미지 호스팅 사이트에 등록되어 있는 이베이 이미지
의 주소(URL)"></a>
</td>
<td>
<a href="상품3의 인터넷쇼핑몰 상품구매 페이지 주소(URL)">
<img src="상품이미지 호스팅 사이트에 등록되어 있는 인터넷쇼핑몰
이미지의 주소(URL)"></a> │
<a href="상품3의 카페(cafe) 상품구매 페이지 주소(URL)">
```

<img src="상품이미지 호스팅 사이트에 등록되어 있는 카페(cafe) 이미지의 주소(URL)"></a> |
<a href="상품3의 G마켓 상품구매 페이지 주소(URL)">
<img src="상품이미지 호스팅 사이트에 등록되어 있는 G마켓 이미지의 주소(URL)"></a> |
<a href="상품3의 이베이 상품구매 페이지 주소(URL)">
<img src="상품이미지 호스팅 사이트에 등록되어 있는 이베이 이미지의 주소(URL)"></a>
</td>
<td>
<a href="상품4의 인터넷쇼핑몰 상품구매 페이지 주소(URL)">
<img src="상품이미지 호스팅 사이트에 등록되어 있는 인터넷쇼핑몰 이미지의 주소(URL)"></a> |
<a href="상품4의 카페(cafe) 상품구매 페이지 주소(URL)">
<img src="상품이미지 호스팅 사이트에 등록되어 있는 카페(cafe) 이미지의 주소(URL)"></a> |
<a href="상품4의 G마켓 상품구매 페이지 주소(URL)">
<img src="상품이미지 호스팅 사이트에 등록되어 있는 G마켓 이미지의 주소(URL)"></a> |
<a href="상품4의 이베이 상품구매 페이지 주소(URL)">
<img src="상품이미지 호스팅 사이트에 등록되어 있는 이베이 이미지의 주소(URL)"></a>
</td>
</tr>
</table>

위에서 상품을 구매할 수 있는 전자상거래 사이트의 이미지를 활용한 HTML 명령어에 대해 설명을 하였는데, 상품을 구매할 수 있는 전자상거래 사이트의 이름을 활용한 HTML 명령어도 거의 동일하다. 따라서, 전자상거래 및 인터넷쇼핑몰 창업에 관심 있는 예비창업자들은 두 가지의 경우에 대해 HTML 명령어를 활용하여 직접 만들어 보는 것이 필요할 것이다. 중요한 것은 판매자의 경우에는 판매영역의 확장을 통해 매출상승을 기대할 수 있으며, 구매자의 경우에는 구매를 원하는 전자상거래 사이트에서의 상품구매를 통해 만족도의 향상을 기대할 수 있을 것이다.

3. HTML 명령어를 활용한 전자상거래 사이트들의 연동

앞에서 제시한 '상품판매 사이트를 결합한 전자상거래의 HTML 명령어'는 다양한 목적으로 활용이 가능하다. 예를 들어, 창업자가 다음(Daum) 및 네이버(Naver)에서 카페(cafe)를 운영하고 있다면, 2개의 카페(cafe)를 상호 연동시키기 위해서 HTML 명령어를 활용할 수 있다. 아울러 또 다른 전자상거래 사이트까지 운영을 하고 있다면, 3개의 사이트를 연동시키기 위해서도 활용할 수 있다. 즉, 창업자가 운영하고 있는 전자상거래 사이트, 카페(cafe) 및 상품을 판매하고 있는 다른 사이트 등을 HTML 명령어를 활용하여 상호 연동시켜 홍보 및 상품판매의 효과를 극대화시킬 수 있을 것이다.

한편, 본 저서에서는 메이크샵(makeshop)을 활용한 인터넷쇼핑몰, 네이버(Naver) 카페(cafe)를 활용한 전자상거래, 옥션의 스토어(store) 및 G마켓의 미니샵(minishop)을 활용한 전자상거래, 구글 블로그를 활용한 전자상거래, 홈페이지형 네이버 블로그를 활용한 전자상거래에 대해 실무적으로 상세하게 설명을 하였는데, 중요한 것은 이러한 상품판매 사이트들을 HTML 명령어를 활용하여 상호 연동시켜서 홍보 및 상품판매의 효과를 극대화시켜야 한다는 것이 핵심이라고 할 수 있다.

결론적으로, 창업자의 관점에서 인터넷쇼핑몰 혹은 전자상거래 사이트를 개발하여 운영하기 보다는 구매자들이 평소에 주요 이용하고 있는 다양한 전자상거래 사이트들을 종합적으로 연동시켜서 상품을 등록하여 판매하는 것이 필요할 것이다. 예를 들어, 메이크샵(makeshop)을 활용하여 개발한 인터넷쇼핑몰, 네이버(Naver) 카페(cafe)를 활용하

여 개발한 전자상거래 사이트, 옥션의 스토어(store) 및 G마켓의 미니
샵(minishop)을 활용하여 개발한 전자상거래 사이트, 구글 블로그를 활
용하여 개발한 전자상거래 사이트, 홈페이지형 네이버 블로그를 활용
하여 개발한 전자상거래 사이트를 종합적으로 결합시키고 연동시켜서
홍보뿐만 아니라 상품판매가 가능하도록 만드는 것이 필요한데, 이것
은 포토샵 이미지, HTML 명령어 및 이미지 호스팅 사이트의 융합적
활용으로 얼마든지 가능하다([그림 9-2] 참고). 예를 들어, 홈페이지형
네이버 블로그에 상품 이미지 및 상품에 대한 자세한 내용을 등록한
후에 실질적인 구매는 옥션의 스토어(store)에서 할 수 있도록 만들 수
있으며, 네이버 카페에 상품 이미지 및 상품에 대한 자세한 내용을 등
록한 후에 실질적인 구매는 메이크샵을 활용한 인터넷쇼핑몰에서 할
수 있도록 만들 수 있다.

YouTube 채널 : 맛따라 · 길따라 · 창업

유튜브(YouTube)에 등록되어 있는 [제8장 상품판매 사이트를 결합한 전자상
거래 창업하기]와 관련된 동영상 강좌는 [상품구매 사이트의 선택이 가능한
전자상거래 사이트의 개발]을 참고하면 된다.

다양한 인터넷쇼핑몰 및 전자상거래 창업하기

1. 인터넷쇼핑몰 및 전자상거래 창업의
   종류
2. 전자상거래 창업의 홍보 및 매출
   증가를 위한 전략

CHAPTER 9

다양한 인터넷쇼핑몰 및 전자상거래 창업하기

제3장에서 제8장까지는 인터넷쇼핑몰 및 전자상거래 사이트를 개발하고 창업할 수 있는 다양한 방법에 대해 실무적인 관점에서 구체적으로 설명하였는데, 본 장에서는 종합적인 관점에서 살펴볼 것이며 아울러 창업기업의 성과를 향상시키기 위한 다양한 방법도 제시할 것이다.

1. 인터넷쇼핑몰 및 전자상거래 창업의 종류

(1) 인터넷쇼핑몰 전문기업들의 솔루션을 활용하기

메이크샵(www.makeshop.co.kr), 스마트스토어(sell.smartstore.naver.com), 카페24(www.cafe24.com), 가비아(www.gabia.com), 후이즈(mall.whois.co.kr), 고도몰(www.godo. co.kr) 등과 같은 인터넷쇼핑몰 전문기업에서는 인터넷쇼핑몰 개발에 필요한 다양한 솔루션(solution)들을 제공하고 있는데, 무료 혹은 매월 3-5만원의 비용으로 인터넷쇼핑몰을 창업할 수 있다. 한편, 인터넷쇼핑몰 전문기업들이 제공하는 인터넷쇼핑몰 솔루션을 선택할 때에는 아래의 사항들을 고려하는 것이 필요하다.

① 인터넷쇼핑몰을 활용한 프랜차이즈 창업을 지원하는가를 확인해야 하는데, 메이크샵의 경우에는 메이크프랜(www.farmtail.net)에서 인터넷쇼핑몰 분야의 온라인 프랜차이즈 사업을 지원하고 있다.

② 인터넷쇼핑몰을 활용하여 글로벌 시장에서의 상품판매를 지원하는가를 점검해야 하는데, 메이크샵의 경우에는 메이크글로벌(global.

makeshop. com)에서 영어, 일어, 베트남어, 아랍어 등 다양한 외
국어로 인터넷쇼핑몰을 운영할 수 있도록 지원하고 있다.

③ 인터넷쇼핑몰에서 옥션, G마켓 등의 오픈마켓으로 상품을 바로
등록할 수 있는 기능이 있는지를 확인하는 것이 필요하다.

④ 국내외 포털사이트에서의 키워드 광고(keyword advertising)를 지
원하는지에 대해 확인을 해야 하는데, 인터넷쇼핑몰의 성과는
결국 키워드 광고에 의해 좌우된다고 할 수 있기 때문이다.

(2) 국내 오픈마켓(open market)을 활용하기

옥션, G마켓, 11번가, 인터파크 및 쿠팡 등의 오픈마켓에서 상품을
등록하여 판매하는 것을 말하는데, 옥션에서 스토어(store)를 개설하거
나 G마켓에서 미니샵(minishop) 등을 개설하여 오프라인(off-line) 점
포에서 판매하고 있는 다양한 상품들을 등록하여 판매할 수가 있다.
여기에서 옥션의 스토어(store) 혹은 G마켓은 미니샵(minishop)은 독립
적인 주소가 부여되기 때문에 일종의 인터넷쇼핑몰과 같이 생각해도
될 것이다.

또한, 옥션과 G마켓의 년간 거래규모를 살펴보면 2019년에 16조
9,772억원으로 추정되고 있으며(UPI뉴스, 2020.1.14.), 네이버 및 쿠팡과
함께 국내 3대 이커머스(e-commerce) 기업으로 조사되었다. 따라서,
비록 독립적인 인터넷쇼핑몰을 개발하여 운영하고 있다고 하더라도
옥션의 스토어(store) 혹은 G마켓은 미니샵(minishop)의 운영은 필수적
이라고 할 수 있다.

(3) 이베이(eBay)를 활용하기

이베이(www.ebay.com)는 아마존(www.amazon.com) 및 알리바바
(www.alibaba.com)와 더불어 전 세계 3대 전자상거래 사이트 중의 하
나이며, 옥션과 G마켓에서 상품판매를 해 본 경험이 있으면 누구나
이베이(eBay)에서 상품을 등록하여 국내 시장을 넘어 글로벌 고객들에

게 상품 판매를 시작할 수 있다. 또한 이베이(eBay)에서는 스토어 (store)를 개설하여 운영할 수 있는데, 이것은 위에서 설명한 오픈마켓 (open market)에서와 같이 독립적인 주소가 부여되기 때문에 일종의 전자상거래 사이트와 같이 생각해도 될 것이다.

한편, 이베이에서 스토어(Store)를 개설하는 방법은 아래와 같다.

① Sitemap(pages.ebay.com/sitemap.html)에 접속한다.

② [SELL]－[Selling resources]에서 [eBay Stores]를 클릭한다.

③ [Subscriptions and Fees]－[Choose a Store subscription]에서 아래의 스토어 중에서 하나를 선택한 후에 개설하면 되는데, 이 를 위해서는 먼저 [Compare Stores]에서 각 스토어의 특성 및 장단점을 비교해 보는 것이 필요하다.

ⓐ Starter

ⓑ Basic

ⓒ Premium

ⓓ Anchor

ⓔ Enterprise

(4) 도매사이트를 활용하기

도매사이트에 등록되어 있는 상품을 도매가격으로 구입하여 판매하 거나 상품 이미지만을 무료 혹은 저렴한 비용에 제공 받아서 별도의 전자상거래 사이트를 운영할 수 있다. 대표적인 도매사이트로는 도매꾹 (domeggook.com/main), 도매토피아(www.dometopia.com), 오너클랜(www. ownerclan.com), 도매스카이(www.domesky.com) 등이 있는데, 네이버 (Naver) 혹은 다음(Daum)에서 검색해 보면 다양한 도매사이트들을 더 많이 찾을 수 있다.

한편, 다양한 도매사이트를 활용할 때에는 다음과 같은 점을 고려 해야 한다.

① 도매사이트에 등록되어 있는 상품들의 상품이미지들을 무료 혹

은 저렴한 비용으로 제공받을 수 있는지를 확인해야 하며, 상품 이미지들을 활용하여 옥션, G마켓 등의 오픈마켓에서 판매할 수 있는가에 대해서도 사전에 점검하는 것이 필요하다.

② 도매사이트에서 인터넷창업자들을 위해 무료 혹은 저렴한 비용으로 인터넷쇼핑몰 혹은 전자상거래 사이트를 개발해 주고 있는지를 확인한다.

③ 상품이 판매되었을 때에 도매사이트에서 국내 혹은 해외 배송을 직접 해 주는지 혹은 해외 배송을 지원하는지를 확인한다.

④ 상품이 판매되었을 때에 결제 혹은 정산은 어떻게 하고 있는가를 확인한다.

(5) 프랜차이즈 개념을 도입한 인터넷쇼핑몰 활용하기

인터넷쇼핑몰 창업에 프랜차이즈 개념을 도입하게 되면, 여러 개의 인터넷 주소를 사용하여 여러 개의 전자상거래 사이트들을 만들어서 여러 명의 창업자가 동시에 운영하는 것이 가능하게 된다. 지금까지 오프라인(off-line)에서만 존재하던 프랜차이즈 창업이 온라인(on-line)에서도 가능하다는 특징이 있다. 예를 들어, 메이크프랜(www. farmtail.net), 카페24(www.cafe24.com) 등에서는 인터넷쇼핑몰을 프랜차이즈 사업으로 전개시킬 수 있는 솔루션을 제공하기 때문에 인터넷쇼핑몰의 프랜차이즈 사업도 적극 고려해 볼만 한데, 예를 들어 메이크프랜에서는 다음과 같은 4가지의 프랜차이즈 사업이 가능하다.

① 본사중심: 대리점을 모집하여 본사의 좋은 상품을 등록부터 발송까지 본사와 동일한 대리점 구축으로 일원화된 통합 프랜차이즈 네트워크를 제공한다.

② 대리점중심: 본사는 대리점 구축 및 분양을 통하여 정책에 따른 관리와 프랜차이즈 시스템 운영이 가능하며, 대리점은 상품등록부터 결제 및 배송까지 어떠한 운영형태로든 자유롭게 운영이 가능하다.

③ 중립형: 입점 대리점은 자체 상품 500개까지 등록이 가능하며, 본 사의 상품과 운영 정책을 기반으로 대리점 구축 및 운영을 통하여 본사와 대리점 모두 함께 성공할 수 있는 네트워크를 제공한다.

④ 오픈마켓&몰인몰: 본사(오픈마켓)에 다수의 대리점(공급자)이 입 점하여 직접 상품을 등록 및 판매할 수 있으며, 각 대리점이 주 체가 되는 독립적인 상점 운영환경을 제공한다.

또한, 인터넷쇼핑몰을 활용하여 프랜차이즈 사업을 할 때에 고려해 야 할 사항은 다음과 같다.

① 가맹점 쇼핑몰에서 본사에서 제공하는 상품 외에 별도의 상품을 추가적으로 등록하여 판매할 수 있는 기능이 있는가를 확인해야 한다.

② 가맹점 쇼핑몰에서 별도의 결제시스템을 설치할 수 있는가를 점 검해야 하는데, 이것은 사업자 등록 및 세금 납부와도 관련되어 있는 중요한 사항이기 때문이다.

③ 가맹점 쇼핑몰에서 독립적인 인터넷주소를 사용하는 것이 가능 한지 혹은 본사에서 제공하는 3차 도메인(xxxx.naver.com의 형태) 을 사용해야 하는가를 확인해야 한다.

한편, 몇 년전부터 프랜차이즈 개념을 도입한 인터넷쇼핑몰들이 크 가 증가하고 있는 실정인데, 예비창업자들은 다양한 성공사례들을 벤 치마킹(benchmarking)하면서 준비를 하는 것이 성패를 좌우할 것이라 고 판단된다. 예를 들어, (주)올가코리아에서는 판촉물 쇼핑몰 프랜차 이즈 본사를 설립하여 가맹점을 모집하고 있으며(쿠키뉴스, 2019.9.26.), 조아기프트(주)에서는 기프트 및 판촉물 분야의 무점포 온라인 프랜차 이즈 유통망을 구축하였다(스포츠서울. 2019.1.1.).

参고 3차 도메인
예를 들어 www.naver.com에서 www(3차).naver(2차).com(최상위) 도메인 으로 구성이 되어 있는데, xxxx.naver.com의 형태는 모두 3차 도메인이라고 할 수 있다(Study For Us, tudyforus.tistory.com/51).

(6) 해외 고객을 위한 인터넷쇼핑몰을 운영하기

현재 임대형 인터넷쇼핑몰 전문기업에서는 국내 시장 뿐만 아니라 해외의 고객들에게도 상품을 판매할 수 있도록 지원하고 있다. 예를 들어, 드림웹(www.dreamweb.co.kr)에서는 한국어 쇼핑몰뿐만 아니라 영어, 일어, 중국어로 인터넷쇼핑몰을 제작해 주고 있다. 또한 메이크 글로벌(global.makeshop.com)에서도 영어, 일어, 베트남어, 아랍어 등 다양한 외국어로 인터넷쇼핑몰을 운영할 수 있도록 지원하고 있다.

한편, 해외 고객을 위한 인터넷쇼핑몰을 운영할 때에는 다음과 같은 사항들을 확인하는 것이 필요하다.

① 해외배송에 대한 지원을 하는지를 점검해야 한다.

② 상품의 판매와 관련하여 해외에 있는 고객과 문제가 발생했을 때에 지원을 해 주는가에 대해 점검한다.

③ 해외 포털 사이트에서의 키워드 광고 등 다양한 홍보 및 광고에 대한 지원이 있는가를 점검해야 한다.

(7) 카페(cafe) 및 SNS를 활용하기

다음(Daum)과 네이버(Naver)의 카페에는 [상품등록게시판]을 추가하여 상품을 판매할 수 있으며, 카페(cafe), 블로그(blog) 및 다양한 SNS에서 상품을 등록하고 판매하기 위해서는 아래와 같은 결제서비스를 활용하면 된다.

① 유니크로의 거래프로세스: SNS에서 상품을 등록하고 판매하기 위해서는 블로그, 카페 등 SNS마켓에 결제서비스를 제공하고 있는 유니크로(www.unicro.co.kr)의 거래프로세스를 활용하면 되는데, 유니크로에서는 블로그(웹 혹은 모바일)에서 고객들이 구매한 상품에 대해 신용카드, 실시간계좌이체 및 무통장 입금으로 결제를 할 수 있는 [주문링크]를 제공하고 있다.

② 마이소호를 활용한 결제 플랫폼: 마이소호는 페이스북, 인스타그

램, 카카오스토리, 카페, 블로그 등의 SNS 채널을 통해 보다 쉽게 상품을 판매할 수 있도록 특화된 SNS전용 모바일 쇼핑몰 플랫폼이라고 할 수 있는데, 모든 SNS 채널에 상품 주문 및 결제를 위한 링크기능을 제공한다. 즉, 판매자는 마이소호를 통해 주문서를 생성하고, 구매자에게 주문서를 전달해 빠르고 간편하게 결제를 진행할 수 있다. 고객들은 SNS를 통해 접한 제품을 사기 위해 쇼핑몰을 방문해 회원가입이나 기타 절차 없이 주문과 결제가 가능하다.

③ 페이몰을 활용한 간편결제: 페이몰(www.pay-mall.co.kr)에서 제공하고 있는 블로그 결제 서비스는 따로 쇼핑몰이 없어도 주문 결제 링크로 결제할 수 있는 서비스이며, 블로그나 인스타그램, 카카오스토리, 페이스북 등 다양한 SNS에서 상품 판매가 가능하다.

④ 기타 간편 결제 서비스: 최근 다양한 SNS를 활용한 상품판매를 비롯한 인터넷창업에 대한 관심이 크게 증가하고 있는 상황에서, 다양한 간편 결제 서비스들이 개발 및 출시되고 있는 실정이다. 이에 따라 먼저 어떤 간편 결제 서비스들이 있는가를 조사한 후에 본인에게 가장 적합한 결제 서비스를 채택하여 활용하는 것이 필요할 것이며, 아울러 고객의 입장에서도 신뢰할 수 있는 결제 서비스인가를 확인하는 것이 필요하다.

(8) 인지도가 높은 인터넷쇼핑몰에 입점하는 전자상거래 창업하기

소자본으로 창업을 하는 경우에는 전자상거래 사이트를 독립적으로 개설하여 운영하는 것이 어렵기 때문에 처음에는 인지도가 높은 인터넷쇼핑몰에 입점하는 것이 오히려 더 유리할 수 있는데, 판매하고자 하는 상품과 유사한 상품들을 판매하고 있는 종합쇼핑몰들을 검색한 후에 입점 문의를 하는 것이 필요하다. 한편, 닐슨 코리아클릭(www.koreanclick.com)에서 2020년 8월을 기준으로 조사한 국내 상위 10위권의 인터넷쇼핑몰은 다음과 같은데(세잎 클로버, sebuen.tistory.com/147),

이러한 사이트에 상품을 등록하여 판매하는 것이 매출을 올리는데 많은 도움이 될 수 있다.

① G마켓(www.gmarket.co.kr)

② 옥션(www.auction.co.kr)

③ 11번가(www.11st.co.kr)

④ 쿠팡(www.coupang.com)

⑤ 인터파크(www.interpark.com)

⑥ 티몬(www.tmon.co.kr)

⑦ 위메프(www.wemakeprice.com)

⑧ 신세계(www.ssg.com)

⑨ 다나와(www.danawa.com)

⑩ GS숍(www.gsshop.com)

한편, 앱 분석 업체 와이즈앱(www.wiseapp.co.kr)이 발표한 '2019년 한국인이 많이 결제한 온라인 서비스'에 따르면(UPI뉴스, 2020.1.14.), 연간 거래액 규모에서 상위 5위의 전자상거래 관련 사이트는 아래와 같다. 따라서 이러한 사이트에도 상품을 입점시켜서 판매하는 것을 적극 고려해야 할 것이다.

① 네이버(www.naver.com): 약 21조

② 쿠팡(www.coupang.com): 약 18조

③ 옥션(www.auction.co.kr)/G마켓(www.gmarket.co.kr): 약 17조

④ 11번가(www.11st.co.kr): 약 10조

⑤ 위메프(www.wemakeprice.com): 약 6조

(9) 밴드(BAND)를 활용하기

밴드는 처음에는 SNS로 출발하였지만, 요즈음은 상품을 판매하는 전자상거래 사이트로 운영하고 있는 사례들이 크게 증가하고 있는 실정이다. 또한 밴드는 페이스북, 인스타그램을 제치고 국내 1위 SNS가

되었는데(앱스토리, 2020.9.21.), 밴드는 게시판을 중심으로 구성된 SNS 라는 점이 다른 SNS와 비교하여 가장 큰 차별점이라고 할 수 있다.

한편, 밴드를 활용한 전자상거래의 주요 사례들은 다음과 같은데, 위에서 설명한 SNS에서 활용할 수 있는 다양한 결제서비스를 활용하게 되면 밴드를 일종의 인터넷쇼핑몰 혹은 전자상거래 사이트로 개발하여 운영할 수 있다.

① 남 다른 운동화 소호리(band.us/band/60936616)에서는 일본에서 직수입한 신발 및 의류 등을 오프라인에서 운영하고 있는 점포와 연계하여 판매하고 있다.

② 이쁘자나(band.us/band/61332536)에서는 여성의류를 전문적으로 판매하고 있는데, 상품을 판매하고 싶은 입점자도 모집하고 있다.

③ 뽑기상품판매(band.us/band/57926333)에서는 뽑기를 하여 획득한 상품 중에서 필요 없거나 사용하지 않는 상품을 판매하고 있다.

한편, 밴드를 전자상거래 사이트로 만들 수 있는 또 다른 방법은 [그림 9-1]에서 확인할 수 있는 [주소복사]를 활용하면 되는데, 구체적인 절차는 다음과 같다.

① 먼저 [제8장 상품판매 사이트를 활용한 전자상거래 창업하기]에서 설명하였듯이, 네이버(Naver) 혹은 다음(Daum)의 카페(cafe) 등과 같이 상품을 판매할 수 있는 커뮤니티 사이트를 만든다.

② 카페(cafe)에서 HTML 명령어를 활용하여 밴드에 등록되어 있는 상품구매 페이지로 링크(link)를 시켜서 상품을 구매할 수 있도록 하면 되는데, [그림 9-1]에 있는 [주소복사]를 활용하면 된다.

③ [(7) 카페(cafe) 및 SNS를 활용하기]에서 설명한 SNS에서 활용할 수 있는 다양한 결제서비스를 활용하여 고객이 직접 결제를 할 수 있도록 함으로써 밴드를 독립적인 전자상거래 사이트로 운영할 수 있을 것이다.

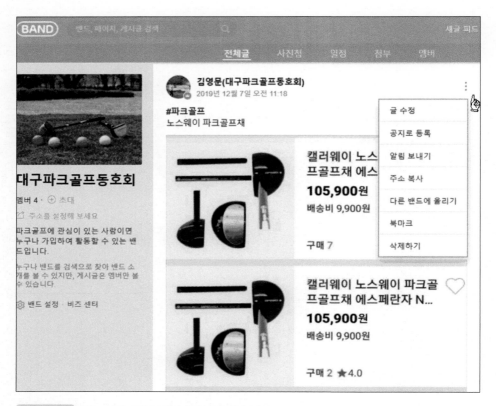

그림 9-1 　밴드에서 상품구매 페이지의 주소복사

(10) 페이스북(facebook)을 활용하기

세상을 연결한다(connecting the whole world)라는 기업 미션으로 출발한 페이스북은 아래와 같이 3가지로 구분하여 개설 및 운영할 수 있으며(베타공간, blog.naver.com/edelsoft), 페이스북의 페이지와 그룹에서는 상품을 판매할 수 있는 기능이 부여되어 있다. 다만, 아직은 페이스북에 설치되어 있는 결제 기능은 없으며, [(7) 카페(cafe)를 활용]에서 설명한 SNS에서 활용할 수 있는 다양한 결제서비스를 활용해야 한다. 물론 페이스북(프로필, 개인계정)에서도 이와 같은 결제서비스를 활용하여 상품을 판매할 수 있지만, 장기적으로 볼 때에는 페이스북(페이지) 혹은 페이스북(그룹)이 더 적합할 것으로 판단된다.

① 페이스북(프로필, 개인계정): 페이스북의 개인 계정인데, 가입하는 방법과 프로필 설정하기(bestarbrand.blog.me/221115087172)에서 페이스북의 가입 및 프로필의 설정에 대해 자세하게 설명하고 있다. 또한 페이스북의 개인계정이 있는 경우에는 페이스북(페이지) 혹은 페이스북(그룹)을 개설할 수 있는데, 페이스북의 개인계정에서 친구 숫자는 최대 5,000명으로 제한되어 있다. 그것은 페이스북의 창시자 마크 주커버그(Mark Zuckerberg)의 신념이 담긴 정책인데, 어느 한 개인의 독점적인 영향을 없애기 위함이라고 한다(일리의 홈카페, 2016.3.1.).

② 페이스북(페이지): 고객들이 페이지를 통해 쉽게 창업자의 비즈니스, 제품 및 서비스에 관해 조금 더 알아보고 또한 문의할 수 있도록 활용할 수 있는 장점이 있다.

③ 페이스북(그룹): 판매/구매, 친한 친구, 클럽, 이웃, 가족, 스터디 그룹. 여행, 소셜 학습 등 다양한 그룹 유형을 설정할 수 있는 특징이 있는데, 페이스북 그룹 중에서 판매/구매 그룹이 가장 활성화가 되고 있는 실정이다.

한편, 페이스북은 지난해 2020년 5월에 온라인 상점 개설 서비스 페이스북 숍스(facebook shops) 서비스를 출시했으며(블로터, 2021.06.23.), 메신저 플랫폼 왓츠앱과 페이스북 마켓 플레이스로 확장하고 있다. 이것은 페이스북이 단순히 교류와 인맥형성을 위한 SNS에서 SNS 쇼핑 사업으로의 확장을 의미하는데, 향후 페이스북은 전자상거래의 기능을 갖춘 SNS로 성장하게 될 것을 의미한다.

> 참고 페이스북(프로필, 개인계정)이 있어야 페이스북(페이지) 혹은 페이스북(그룹)을 개설할 수 있기 때문에, 페이스북(프로필, 개인계정)은 만든 후에 전혀 사용하지는 않고 페이스북(페이지) 혹은 페이스북(그룹)만을 활용하여 상품을 판매하는 것을 고려하는 것이 필요하다. 그것은 페이스북(프로필, 개인계정)에서의 친구 숫자는 최대 5,000명으로 제한되어 있지만, 페이스북(페이지) 혹은 페이스북(그룹)에서는 제한이 없기 때문이다.

2. 전자상거래 창업의 홍보 및 매출 증가를 위한 전략

본 장에서 설명한 다양한 인터넷쇼핑몰 및 전자상거래 사이트를 개발하고 운영하는 방법을 종합적으로 활용하여 홍보 및 매출을 증가시키는 전략을 구체적으로 설명하면 다음과 같다.

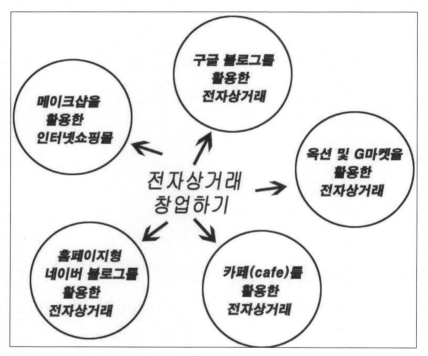

그림 9-2   저서에서 제안하는 5가지의 전자상거래 방법

① 위에서 설명한 인터넷쇼핑몰 및 전자상거래 사이트를 개발하고 운영하는 다양한 방법 중에서 본 저서에서 제안하는 5가지 정도를 선택하여 집중하는 것이 효과적이라고 판단되는데([그림 9-2] 참고), 중요한 것은 [인터넷쇼핑몰 및 전자상거래 창업의 종류]에서 설명하고 있는 다양한 방법 중에서 기업경영의 목적에

부합하는 몇 가지의 방법들을 포토샵 이미지, HTML 명령어 및 이미지 호스팅 사이트를 활용하여 결합시키고 연동시키는 방향으로 추진하는 것이 필요하다. 예를 들어, 구글 블로그에 상품 이미지 및 상품에 대한 자세한 내용을 등록한 후에 실질적인 구매는 메이크샵을 활용한 인터넷쇼핑몰에서 할 수 있도록 연동시킬 수 있다.

② 상품을 판매하는 인터넷쇼핑몰 및 전자상거래 사이트들 간의 연계 혹은 연동을 고려하는 것이 필요한데, 이것은 HTML 명령어를 활용하면 충분히 가능하다. 예를 들어, 메이크샵(makeshop)을 활용하여 만든 인터넷쇼핑몰에서는 [배너]를 활용하여 창업기업의 상품을 판매하고 있는 다른 전자상거래 사이트와 연동을 시킬 수가 있다. 또한 카페(cafe)를 활용하여 전자상거래 사이트를 개발하여 운영하는 경우에도 HTML 명령어를 활용하여 옥션 및 G마켓을 활용한 전자상거래 사이트와 연동을 시킬 수가 있는데, 이렇게 함으로써 홍보 효과를 높이는 동시에 매출 증가를 기대할 수 있다. [그림 9-2]에 있는 5가지의 전자상거래 사이트들도 포토샵 이미지, HTML 명령어 및 이미지 호스팅 사이트를 활용하여 상호 연동시키는 것이 가능한데, 상호 연결하여 상품을 판매 및 구매할 수 있도록 하는 것이 홍보뿐만 아니라 매출 향상에도 도움이 된다.

③ 메이크프랜(www.farmtail.net), 카페24(www.cafe24.com) 등에서는 인터넷쇼핑몰을 프랜차이즈 사업으로 전개시킬 수 있는 솔루션을 제공하기 때문에 인터넷쇼핑몰 분야의 프랜차이즈 사업을 적극 고려할 수 있다. 오래 전에 저자는 쉬메릭(www.chimeric.kr)을 프랜차이즈 방식으로 운영하는 것을 제안한 적이 있는데, 수백 명에서 수천 명이 쉬메릭 상품을 판매하는 인터넷쇼핑몰을 운영하면서 동시에 본인의 상품도 등록하여 판매하도록 함으로써 홍보 및 매출 상승을 기대할 수 있을 것으로 생각한다.

④ 밴드, 페이스북 등에 에스크로(escrow) 서비스를 제공하는 공인
된 결제 서비스를 사용할 수가 없는 경우에는 SGI서울보증
(www.sgic. co.kr)의 전자상거래(쇼핑몰)보증보험에 가입하여 고객
이 믿고 구매할 수 있도록 하는 것이 필요할 것이다. 여기에서
에스크로(escrow)는 전자상거래 시에 판매자와 구매자의 사이에
신뢰할 수 있는 중립적인 제삼자가 중개하여 금전 또는 물품을
거래를 하도록 하는 것 또는 그러한 서비스를 말하는데, 거래의
신뢰성뿐만 아니라 안전성을 확보하기 위해 이용되고 있다(위키
백과, ko.wikipedia.org).

⑤ 본 장에서 설명한 다양한 인터넷쇼핑몰 및 전자상거래 방법을
활용하여 상품을 판매할 때에 홍보와 광고는 어떻게 할 것인가
에 대한 계획이 필요하다. 예를 들어, 밴드(BAND)를 활용하여
상품판매를 할 때에는 밴드 자체에서 판매하고 있는 광고
(ad.band.us)를 활용할 수 있으며, 인터넷쇼핑몰을 운영할 경우에
는 네이버, 다음, 구글 등에서 판매하고 있는 키워드 광고
(Keyword advertising)를 활용하는 것이 필요할 것이다.

YouTube 채널 : 맛따라 · 길따라 · 창업

유튜브(YouTube)에 등록되어 있는 [제9장 다양한 인터넷쇼핑몰 및 전자상거
래 창업하기]과 관련된 동영상 강좌는 다음과 같다.

① 다양한 인터넷쇼핑몰 운영 및 전자상거래의 방법(1)
② 다양한 인터넷쇼핑몰 운영 및 전자상거래의 방법(2)

▌참고문헌 ▌

[전자상거래 창업하기]에 관한 저서를 집필함에 있어 인용하였거나 참고한 모든 문헌에 대해서는 감사의 말씀을 드리면서, 혹시라도 참고문헌에 모두 포함하려고 하였으나 고의가 아닌 실수로 인해 누락된 참고문헌도 있을 수 있다고 생각합니다. 그러한 경우에는 메일(isoho2jobs@gmail.com)로 꼭 알려주시면, 반드시 포함시키도록 하겠습니다.

강현순, "인터넷비즈니스 창업실무", 2005 부산광역시 창업강좌 책자, 2005.

강현순, "인터넷비즈니스 창업실무", 2006 부산광역시 창업강좌 책자, 2006.

건설경제신문, "스마트폰 결제부터 주문배송 조회까지 '3S'로 통한다", 2011.05.12.

권영설, 이베이 창업 운영 가이드, e비즈북스, 2012.11.16.

경기지방중소기업청, 소상공인! 알아야 성공한다, 2003.

경남도민일보, "파워블로그", 2013.1.30.

국제뉴스, "네이버 카페, 안전한 온라인 직거래 위해 상품등록게시판 안전 장치 강화", 2015.9.16.

국제신문, "국내 3대 블로그인 티스토리 사상 초유의 나흘째 에러", 2022.10.18.

김병성, 박대윤, 조주연, 인터넷창업, 절대로 하지 마라, 정보문화사, 2006.

김석주, 홈페이지 만들기, 가남사, 1997.

김영문, 창업학, 법문사, 2009.

김영문, 창업길라잡이, 집현재, 2011.

김영문, 카페(cafe)로 창업하기, 집현재, 2012.

김영문, 인터넷창업하기, 집현재, 2013.

나는야 정보쌤, "HTML 명령어 정리", blog.naver.com/dml21wjd

내일신문, "국가공인 중소기업 컨설팅 전문가…업무 증가 추세", 2011. 4.4.

내일신문, "민간자격증만 1842개 '자격증 홍수시대'", 2011.10.12.

뉴시스, "'갓생 살기'에 빠진 MZ세대…네이버 '블로그'로 몰렸다", 2022.12.13.

뉴스토마토, "한진-KT, 전국 화물차에 RFID 탑재…'화물차 추적' 新 사업 맞손", 2012.11.30.

뉴스토마토, "카페·블로그 지고, SNS·메신저 뜬다", 2011.9.16.

동아일보, "속 꽉 찬 온라인 백화점, 전자상거래 시장", 2012.8.9.

동아일보, "망중립 논의 본격화 2부-현실을 반영해야 하지 않을까?", 2011.9.23.

동아일보, "'책'안 들고 다녀도 언제 어디서나 읽을 수 있어요", 2006. 1.25.

더퍼블릭, "블로그 생산량 역대 최고치 돌파 '홈페이지형 블로그 제작' 선보여", 2020.6.16.

디지털타임스, "24시간 불밝히는 '고객감동' 쇼핑몰", 2011.5.31.

디지털투데이, "오픈마켓부터 물류까지…이마트 vs 쿠팡 전면전 시작 됐다", 2021.6.25.

레드의 달콤한 비밀 "온라인 쇼핑몰 창업시 호스팅 업체(카페24, 고도 몰, 메이크샵, 가비아등) 비교 및 선택하기", 2020.5.15.

매일경제, "전자결제업체 경쟁 뜨겁다", 2000.7.18.

매일경제, "'소상공인지도사 자격증' 교육 외", 2011.1.7.

머니투데이, "코리아센터 메이크샵, 간편결제 서비스 '샵페이' 기능 확 대", 2022.9.22.

머니투데이, "코리아센터 메이크샵, 라이브 커머스 솔루션 지원…누구 나 '라방' 한다", 2021.5.12.

머니투데이, "코리아센터, 링크프라이스 인수예정…메이크샵 소호몰,

에누리 상품DB 등 제휴 마케팅 기대", 2020.1.12.

머니투데이, "'외톨이' 네이버, 검색독주 막내리나", 2011.4.18.

민승기, 이베이와 함께 세계시장으로, 해외문화, 2009.4.25.

박진용, 언론과 홍보, 한국케이블TV방송협회, 2005.6.25.

베타공간, "마크 저커버그는 왜 페이스북을 만들었나", blog.naver. com/edelsoft

베타뉴스, "한국판 페이스북 앱의 들판에도 봄은 오는가", 2011.5.11.

베타뉴스, "동영상과 사진만 있으면 작품이 뚝딱! 윈도우 라이브 무비 메이커", 2011.9.2.

블로터, "페이스북, SNS 쇼핑 사업 확장한다", 2021.6.23.

브릿지경제, "인터넷 홈페이지보다 저렴하고 유지·보수 편리한 '홈페 이지형 블로그' 선호", 2017.8.9.

샵마인, "ESMPLUS 지마켓 옥션 판매자센터 안내", 2019.8.21.

서울신문, "민간자격증 광고 속지 마세요", 2011.2.18.

세계비즈, "두발로병원, 소아 및 발목 골절 네이버 카페 운영", 2023.4. 17.

세계일보, "컨텐츠 시장의 유료화에 따른 컨텐츠몰 창업 증가", 2011. 5.31.

세잎 클로버, "인터넷 쇼핑몰 순위(전자상거래 2020년 8월)", sebuen. tistory.com/147

아시아투데이, "홈쇼핑 소셜커머스 시장 진출…기존 업체 위기", 2013. 2.25.

아이뉴스24, "다음－네이트 맞손, 네이버 검색광고 독주에 '브레이크'", 2011.4.14.

아주경제, "KOTRA, 해외 전자상거래시장 진출 지원", 2011.3.28.

아크로팬, "인터넷 등록 도메인, 2억3300만 개로 증가", 2012.8.3.

이데일리, "가맹거래사, 유망 자격증으로 평가", 2011.5.25.

이투데이, "삼성전자－애플, 끝나지 않는 혁신 전쟁…멈추지 않는 특허 공방", 2013.2.4.

아크로팬, "인터넷 등록 도메인, 2억3300만 개로 증가", 2012.8.3.

앱스토리, "페이스북, 인스타그램 제치고 국내 1위 SNS 된 '네이버 밴드'", 2020.9.21.

일리의 홈카페, "페이스북 친구 5천명, 사실 아무 것도 아니다", 2016.3.1.

연합뉴스, "인터넷 사용 인구비율 64.4%", 2002.10.25.

원승교, 나 혼자 꾸리는 인터넷 상점 처음부터 성공까지, 제우미디어, 2006.

전자신문, "카카오페이지, 콘텐츠 만드는 '페이지 에디터' 공개", 2013.2.7.

전자신문, "후이즈, 이미지호스팅 50메가 무료 서비스 실시", 2005.5.23.

주간조선, "인터넷 쇼핑 시장 10년 만에 10조원 넘어", 2006.6.13.

중앙일보, "애플 앱스토어, 100만 번째 앱 올라왔다", 2012.11.20.

조선비즈, "3조 주고 산 지마켓·옥션 '적자지속'에 스벅도 부진", 2023.6.13.

조유신, 이베이에서 10억 벌기, 휴먼하우스, 2011.8.10.

충청타임즈, "서산에 문화예술의 바람이 분다", 2021.7.5.

케이벤치, "재능과 독특함으로 알바를 하는 컨텐츠거래 사이트 아이끼닷컴(www.i-kki.com) 출범", 2011.10.10.

쿠키뉴스, "판촉물 쇼핑몰 프랜차이즈 '기프트한국' 가맹점 모집", 2019.9.26.

텐아시아, "방탄소년단 정국, 한정판 포토카드 한장에 87만원에 팔려", 2021.7.3.

파이낸스투데이, "예비창업자를 위한 오픈마켓 창업", 2022.3.3.

파이낸셜뉴스, "어도비 '아이패드용 포토샵' 한국어 버전 출시", 2021.4.23.

한국경제, "이베이 제친 '오픈마켓 1위' 타오바오 비결", 2011.10.20.

한국경제TV, "2009년 초고속가입자 1671만명", 2006.1.25.

한국일보, "e-메일 결제 서비스", 2001.3.7.

한국일보, "네이버 지식쇼핑 독주⋯한달 1300만명 클릭", 2012.12.24.

헤럴드생생, "'소셜쇼핑' 싸서 좋아⋯소비자군단이 몰려온다", 2010.10.8.

홍성근, 김동희, "대박터진 쇼핑몰 노하우 훔쳐보기", 렉스미디어, 2003.

AI타임스, "어도비, AI 기술로 포토샵 업그레이드", 2022.10.19.

Rohn's Warehouse, "Google Blogger-구글 블로그 시작하기", 2023.
  6.23.

Study For Us, "도메인에 대해서 이해하기", tudyforus.tistory.com/51

UPI뉴스, "쿠팡, 연간 거래액서 G마켓·옥션 추월", 2020.1.14.

ZDNet Korea, "전 세계 전자상거래 규모 첫 1조달러 돌파", 2013.2.6.

ZDNet Korea, "NHN, 네이버카페에 에스크로 서비스", 2009.4.14.

네이버 백과사전, 100.naver.com

네이버 지식백과, terms.naver.com

네이버 지식iN, kin.naver.com

Daum 백과, 100.daum.net

다음 어학사전, dic.daum.net

랭키닷컴, www.rankey.com

로앤비, www.lawnb.com

레포트월드, www.reportworld.co.kr

SGI서울보증, www.sgic.co.kr

온라인 무역전문 블로그, tradekorea.tistory.com

위키백과, ko.wikipedia.org

위키피디아, www.wikipedia.org

중고카페 그린유즈, cafe.naver.com/musicstar2

제휴마케팅 완벽정리, jiconimics02.tistory.com/9

페이스북 가입하는 방법과 프로필 설정하기, bestarbrand.blog.me/
　221115087172
한국글로벌셀러연합회, cafe.naver.com/amazonsellers
data－flow.co.kr/marketing/homeblogs

저자 소개 및 주요 경력

현, 계명대학교 경영대학 경영정보학전공 교수
현, 계명대학교 경영대학 경영빅데이터전공 겸임교수
현, 사회복지사 및 ISO(9001/14001) 국제심사원
사단법인 한국소호진흥협회 설립 및 회장
사랑나눔회(대구광역시 인가 비영리민간단체) 설립 및 회장
계명대학교 벤처창업보육사업단 단장 및 창업지원단 단장
대한민국 최다 창업서적 출판/한국 창업시장 움직이는 50인 선정
전국 최우수 창업보육센터장/정보통신부 및 산업자원부 장관 표창
미국 캔사스주립대학(Kansas State Univ.) 경영학석사(MBA)
미국 미시시피대학(Univ. of Mississippi) 경영학박사(MIS전공)

전자상거래 창업하기

2023년 8월 7일 초판 인쇄
2023년 8월 20일 초판 1쇄 발행

저 자 김   영   문
발행인 배   효   선

발행처 도서
출판 法 文 社

주 소 10881 경기도 파주시 회동길 37-29
등 록 1957년 12월 12일/제2-76호(윤)
전 화 (031)955-6500~6 FAX (031)955-6525
E-mail (영업) bms@bobmunsa.co.kr
　　　　(편집) edit66@bobmunsa.co.kr
홈페이지 http://www.bobmunsa.co.kr
조 판 법 문 사 전 산 실

정가 19,000원   ISBN 978-89-18-91429-9